军事理论与军事训练教程

肖石忠　许雪松 ◆ 主编

湖南人民出版社

本作品中文简体版版权由湖南人民出版社所有。
未经许可，不得翻印。

图书在版编目（CIP）数据

军事理论与军事训练教程/ 肖石忠，许雪松主编. —长沙：湖南人民出版社，2016.7
(2023.7)

ISBN 978-7-5561-1440-5

Ⅰ. ①军… Ⅱ.①肖… ②许… Ⅲ.①军事理论—高等学校—教材 ②军事理论—高等学校—教材 Ⅳ.①E0 ②G641.8

中国版本图书馆CIP数据核字（2016）第161598号

JUNSHI LILUN YU JUNSHI XUNLIAN JIAOCHENG
军事理论与军事训练教程

主　　编	肖石忠　许雪松
责任编辑	夏光弘
责任校对	唐水兰
装帧设计	谢俊平

出版发行	湖南人民出版社［http://www.hnppp.com］
地　　址	长沙市营盘东路3号
邮　　编	410005
印　　刷	湖南关山美印有限公司
版　　次	2016年7月第1版
	2023年7月第1版第9次印刷
开　　本	787 mm × 1092 mm　1/16
印　　张	9
字　　数	154千字
书　　号	ISBN 978-7-5561-1440-5
定　　价	25.00元

营销电话：0731-82683348　（如发现印装质量问题请与出版社调换）

出版说明

《军事理论与军事训练教程》，是由军事理论和军事训练领域的权威专家团队依据教育部、中央军委国防动员部2021年联合印发的《高中阶段学校学生军事训练教学大纲》，结合世界新军事革命的发展实际精心编写的。本教程按照思想性、规范性、科学性和理论联系实际的原则，扼要介绍人民军队、中国国防、军兵种知识、队列条令与队列训练、轻武器射击、手榴弹的构造与投掷、单兵战术动作、战伤救护、格斗基础与军事体育、军事地形学等，既便于学习领会，又便于掌握操作。本教程的出版，必将对建立学校国防军事教育科学体系，深化国防军事教育改革，普及基本军事知识和基本军事理论，起到积极的推动作用。

目录 CONTENTS

第一章　人民军队 **001**

第一节　习近平强军思想 002
第二节　解放军的发展历程 006

第二章　中国国防 **014**

第一节　中国的国防政策 015
第二节　中国的国防体制 018
第三节　中国的武装力量 023
第四节　中国的国防法 026

第三章　军兵种知识 **034**

第一节　军徽、军旗、军歌、军衔 035
第二节　军兵种体制与编成 039

第四章　队列条令与队列训练 **046**

第一节　队列条令 047
第二节　队列训练的程序、方法和对指挥人员的基本要求 053
第三节　单个军人的队列动作 054

第五章　轻武器射击·············073

第一节　81 式自动步枪·············074
第二节　射击训练·············078

第六章　手榴弹的构造与投掷·············082

第一节　手榴弹的种类与构造·············083
第二节　手榴弹的投掷·············087

第七章　单兵战术动作·············090

第一节　基础动作训练·············091
第二节　利用地形地物训练·············096

第八章　格斗基础与军事体育·············100

第一节　军体拳·············101
第二节　军事体育项目·············106

第九章　战伤救护·············113

第十章　军事地形学·············117

第一节　地形图的基本知识·············118
第二节　现地使用地图·············127
第三节　标号与要图·············134

第一章 ★ 人民军队

习近平强军思想，揭示了强军制胜的根本规律，闪耀着马克思主义思想方法的光辉，是指引强军事业发展进步的科学指南。

中国人民解放军，在创建和发展过程中经历了从小到大、由弱到强、从单一陆军到诸军种合成军队的转变，正在为全面建设成为世界一流军队而努力奋斗。

第一节 习近平强军思想

习近平强军思想是以习近平同志为核心的党中央，在指导建设强军事业伟大实践中孕育的科学思想体系，揭示了强军制胜的根本规律，闪耀着马克思主义思想方法的光辉，是指引强军事业发展进步的科学指南。用习近平强军思想武装头脑，根本的是要把蕴含其中的立场、观点、方法学到手，学会以正确思想方法观察分析处理重大问题，真正掌握实现新时代的强军目标、建设世界一流军队的思想武器。

一、形成过程

2013年初春，习近平主席在全国两会期间鲜明提出"建设一支听党指挥、能打胜仗、作风优良的人民军队"的强军目标，指明了我军党的建设根本使命。

2014年金秋，习近平主席亲自领导召开古田全军政治工作会议，在关键时刻扶危定倾，开启思想建党、政治建军新征程。

2017年深秋，习近平主席在党的十九大报告中把"坚持党对人民军队的绝对领导"上升为新时代坚持和发展中国特色社会主义的基本方略。这次大会把习近平新时代中国特色社会主义思想和习近平强军思想鲜明写入党章，为新时代我军党的建设提供了根本遵循。

习近平强军思想的形成发展过程，历经从重大论断到思想体系的升华，既是理论发展自然的历史的过程，更是理论创新自觉自为的过程。

新时代呼唤党的军事指导理论创新，习近平强军思想凝结着时代精神的精华。强军实践孕育党的军事指导理论创新，习近平强军思想是新时代伟大军事实践的理论镜像。文明传承滋养党的军事指导理论创新，习近平强军思想植根于马克思主义军事理论和中外优秀军事文化的思想沃土。领袖统帅推动党的军事指导理论创新，习近平主席对于创立习近平强军思想发挥了决定性作用。

二、核心要义

习近平强军思想，可以概括为"十个明确"。

（一）强军使命

明确强国必须强军，巩固的国防和强大的人民军队是新时代坚持和发展中国特色社会主义、实现中华民族伟大复兴的战略支撑。

（二）强军目标

明确党在新时代的强军目标是建设一支听党指挥、能打胜仗、作风优良的人民军队，必须同国家现代化进程相一致，力争到2035年基本实现国防和军队现代化，到本世纪中叶把人民军队全面建成世界一流军队。

（三）强军之魂

明确党对军队绝对领导是人民军队建军之本、强军之魂，必须全面贯彻党领导军队的一系列根本原则和制度，确保部队绝对忠诚、绝对纯洁、绝对可靠。

（四）强军之要

明确军队是要准备打仗的，必须聚焦能打仗、打胜仗，创新发展军事战略指导，构建中国特色现代作战体系，全面提高新时代备战打仗能力，有效塑造态势、管控危机、遏制战争、打赢战争。

（五）强军之基

明确作风优良是我军鲜明特色和政治优势，必须加强作风建设、纪律建设，坚定不移正风肃纪、反腐惩恶，大力弘扬我党我军光荣传统和优良作风，永葆人民军队性质、宗旨、本色。

（六）强军布局

明确推进强军事业必须坚持政治建军、改革强军、科技强军、人才强军、依法治军，更加注重聚焦实战、更加注重创新驱动、更加注重体系建设、更加注重集约高效、更加注重军民融合，全面提高革命化现代化正规化水平。

（七）强军关键

明确改革是强军的必由之路，必须推进军队组织形态现代化，构建中国特色现代军事力量体系，完善中国特色社会主义军事制度。

（八）强军动力

明确创新是引领发展的第一动力，必须坚持向科技创新要战斗力，统筹推进军事理论、技术、组织、管理、文化等各方面创新，建设创新型人民军队。

（九）强军保障

明确现代化军队必须构建中国特色军事法治体系，推动治军方式根本性转变，提高国防和军队建设法治化水平。

（十）强军路径

明确军民融合发展是兴国之举、强军之策，必须坚持发展和安全兼顾、富国和强军统一，形成全要素、多领域、高效益军民融合深度发展格局，构建一体化的国家战略体系和能力。

三、重要意义

习近平强军思想立论于马克思主义基本原理，立足于新时代国防和军队鲜活实践，深刻回答了强军兴军的使命任务、目标方向、原则制度、根本指向、战略布局、重要路径等一系列根本性问题，是一个逻辑严密、意蕴深远的科学军事理论体系。

习近平强军思想统筹发展和安全两件大事，统筹经济建设和国防建设两大领域，统筹国际和国内两个大局，统筹军队和地方两大部门，涵盖战争指导、建军治军和改革创新等各方面，打通建设、指挥、管理、监督等链路，是一块成型的"理论整钢"。"十个明确"紧扣"强军"渐次展开,充分反映习近平主席对"强军强什么、怎么样强军"的深邃理论思考。

习近平强军思想的最大特色是求是求实、知行合一。习近平主席敏锐洞察新时代军事领域的矛盾运动,坚持用马克思主义立场观点方法观察分析军事问题,深刻揭示了新时代的强军之道、制胜之道,丰富发展了我们党的军事辩证法。

第二节 解放军的发展历程

中国人民解放军，在创建和发展过程中，先后称为"中国工农革命军""中国工农红军""八路军"和"新四军""中国人民解放军"。

一、第二次国内革命战争时期

1927年秋至1928年春，中国共产党为了反抗和推翻国民党反动派的统治，先后发动了南昌起义、秋收起义、广州起义、湘南起义和湖北东部等地区的起义。这些地区起义后保留下来的部队，命名为中国工农革命军。

1927年8月1日，中国共产党领导部分国民革命军在江西省南昌市举行武装起义，打响了武装反抗国民党反动派的第一枪，标志着中国共产党独立领导革命战争、创建人民军队和武装夺取政权的开端。史称"南昌起义"或"八一南昌起义"。8月1日后来被确定为中国人民解放军的建军节。

1928年4月，南昌起义后保留下来的部分部队和湘南起义的农民军，由朱德、陈毅等率领到达井冈山革命根据地，与毛泽东领导的秋收起义队伍实现会师，组成"中国工农革命军第四军"，含有发扬北伐战争"铁军"——国民革命军第四军英勇作战的光荣传统之意，后改称"中国工农红军第四军"，简称"红四军"。5月后各地起义部队陆续改称"中国工农红军"，简称"红军"。

红军曾发展到30万人，随着斗争发展，党创建了中央革命根据地和湘鄂西、海陆丰、鄂豫皖、琼崖、闽浙赣、湘鄂赣、湘赣、左右江、川陕、陕甘、湘鄂川黔等根据地，总人口达到1000多万。取得了四次反"围剿"的胜利。红军第五次反"围剿"失利后，中央红军（红一方面军）被迫于1934年10月撤出根据地进行长征。1935年1月，中央政治局在长征途中举行遵义会议，事实上确立了毛泽东同志在党中央和红军的领导地位，开始确立以毛泽东同志为主要代表的马克思主义正确路线在党中央的领导地位，开始形成以毛泽东同志为核心的党的第一代中央领导集体，开启了党独立自主解决中国革命实际问题新阶段，在最危急关头挽救了党、挽救了红军、挽救了中国革命，并且在这以后使党能够战胜张国焘的分裂主义，胜利完成长征，打开中国革命新局面。这在党的历史上是一个生死攸关的转折点。1936年10月，红军三大主力（红一方面军、红二方面军、红四方面军）在甘肃会师，长征胜利结束。此时红军总共有数万人，根据地则仅存陕甘宁根据地一处。

二、抗日战争时期

1936年12月西安事变之后，国共两党停止内战，开始第二次国共合作。1937年7月7日抗日战争全面爆发之后，8月22日红军主力部队改编为国民革命军第八路军（简称"八路军"），9月11日改称国民革命军第十八集团军。活动在江西、福建、广东、湖南、湖北、河南、浙江、安徽8省14个地区的红军游击队集中起来于10月改编为国民革命军陆军新编第四军（简称"新四军"），意在表示继承北伐战争"铁军"——国民革命军第四军的优良传统和国共两党的再次合作。抗日战争时期，党实行正确的抗日民族统一战线政策，坚持全面抗战路线，提出和实施持久战的战略总方针和一整套人民战争的战略战术，开辟广大敌后战场和抗日根据地，领导八路军、新四军、东北抗日联军和其他人民抗日武装英勇作战，成为全民族抗战的中流砥柱，直到取得中国人民抗日战争最后胜利。

1931年的九一八事变后，中国共产党在东北地区建立了抗日游击队，这些部队使用过工农革命军、东北人民革命军等名称。后来，根据共产国际关于建立世界反法西斯人民阵线的路线方针，中共满洲省委将其整编为东北抗日联军，人数最多时达到3万。1940年，东北抗日联军遭受严重失败后基本停止军事行动，余部退入苏联，改编为苏联红军远东军区独立第88步兵旅（又称"东北抗日联军教导旅"）。抗日战争胜利后，1945年中共领导下的关内各解放区部队大批进入东北地区，1945年9月在东北各地组建了"人民自卫军"，10月31日组成统一的东北人民自治军，1946年1月，东北人民自治军改称东北民主联军，1948年1月1日正式改称"东北人民解放军"。

抗日战争的最后一年，中共领导的一些抗日武装部队已经实际使用"人民解放军"这样的称谓。例如，1945年8月15日，八路军山东军区司令员兼政治委员罗荣桓提出部队番号改称"人民解放军"，山东军区机关称"山东解放军总部"，8月19日中共中央军委复电同意后，山东军区所属部队统一改编成山东解放军8个师、12个警备旅。又如，1945年8月13日，《解放日报》发表的社论《当前的紧急任务》，多次出现"解放军"的提法。《解放日报》作为中共中央的机关报，应视为这是中共中央和中央军委第一次公开提出了"解放军"的称谓。1945年8月26日，在《中共中央关于同国民党进行和平谈判的通知》中，又一次正式出现"解放军"的提法。

三、解放战争时期（第三次国内革命战争时期）

1946年6月，国共内战全面爆发。1946年9月12日，《解放日报》在社论中率先使用"人民解放军"称谓。随后，在毛泽东和新华社发表的文章中，又多次公开出现"人民解放军"称谓。1946年10月3日，《解放日报》在《为实现一月停战协定及政协决议而斗争》的社论中，首次正式提出"中国人民解放军"称谓。1947年10月10日，《中国人民解放军宣言》发表，这是全军改称"人民解放军"的重要标志。至1948年初，全军各部队均改称中国人民解放军。1948年9月8日至13日，中共中央政治局召开扩大会议，提出要建设500万人民解放军。中共中央和中共中央军委11月1日据此作出《关于统一全军组织及部队番号的规定》，指出：人民解放军分为野战部队、地方部队和游击部队三类，团以上各部队均冠以"中国人民解放军"称谓。

从1945年初至1948年底，八路军、新四军和解放军这些称谓并用，有时八路军和新四军统称解放军。就解放军的称谓而言，有时称解放军，有时称人民解放军，有时称人民抗日解放军，有时则称国民革命解放军，有时冠以地名，如称山东解放军和山西解放军，或华东人民解放军、东北人民解放军。

解放战争历时4年，中国人民解放军在中国共产党的领导和全国人民的支援下，历经"三大战役"（辽沈战役、平津战役、淮海战役）等重大战役，共歼灭国民党军807万余人，解放了除西藏及台湾、澎湖、金门、马祖和南海诸群岛以外的全部国土，赢得了这场决定中国命运的战争的伟大胜利。1949年10月1日，中华人民共和国中央人民政府成立。1950年春，解放军攻占海南岛，守岛国民党军败退台湾。10月，解放军进军西藏。1951年5月，西藏和平解放。

1949年4月23日，中国人民解放军海军成立。1949年11月11日，中国人民解放军空军成立。

四、中华人民共和国成立以来

新中国成立后，中国人民解放军担负着保卫祖国、建设祖国的神圣使命。1950年6月，朝鲜战争爆发。由中华优秀儿女组成的中国人民志愿军，应朝鲜党和政府的请求，于10月19日跨过鸭绿江，同朝鲜人民和军队一道，历经两年零9个月艰苦卓绝的浴血奋战，赢得了抗美援朝战争伟大胜利。1958年，志愿军从朝鲜撤回国内。

1955年1月，解放军实施一江山岛战役，进攻驻扎在浙江省一江山岛上的国民党守军。这是解放军实施的首次陆、海、空三军协同作战。

解放军还进行了1962年的中印边境自卫反击战、1965年至1973年的援越抗美、1969年的珍宝岛自卫反击战、1974年的西沙海战和1979年的中越边境自卫还击战等。

1966年7月1日，中国人民解放军第二炮兵成立。中国人民解放军驻香港部队从1993年初开始组建，1996年1月28日组建完毕，1997年7月1日0时进驻香港，取代驻港英军接管香港防务。中国人民解放军驻澳门部队从1999年4月开始组建，12月20日中午进驻澳门。

1949年10月1日中华人民共和国成立之际，解放军总员额达550万人。1950年4月，中央决定将全军总员额从550万人减至400万人。1950年5月，全军参谋工作会议确定精简整编的原则是：陆军统编为国防军和公安部队；国防军分成战时和平时两种编制，平时一般是"三三制"；野战军和兵团机构除了参加攻台的部队外均撤销；成立公安部队领导机构。

1950年下半年开始大规模复员，到1951年初共缩减94万余人。随后由于抗美援朝战争爆发，军队扩充至627万。1952年全军总人数降为400余万，1955年底精简至320多万，1958年底降为240万。但是，随着中苏关系的恶化，解放军人数再次大幅度上升，至1975年达610万之多。

1955年9月，解放军开始实行军衔制度。1965年5月，军衔制被撤销。1988年9月，解放军开始实施新的军衔制度。

1981年9月，解放军组织的11万余名官兵参加的华北大演习，是中华人民共和国成立以来规模最大的一次军事演习。

为与改革开放时期以经济建设为中心相适应，1982年军队总员额减至400余万。历经1985年裁军100万、1997年裁军50万、2003年裁军20万、2015年裁军30万，解放军现役员额为200万。

1997年9月12日，中共中央总书记、国家主席、中央军委主席江泽民在中共十五大报告中宣布："在八十年代裁减军队员额一百万的基础上，我国将在今后三年内再裁减军队员额五十万。"2000年3月9日，江泽民在九届全国人大三次会议解放军代表团全体会议上宣布，到1999年底，中共十五大提出的裁减军队员额50万的任务已完成。

2003年9月1日，中央军委主席江泽民在出席国防科学技术大学五十周年庆典活动时正式宣布中共中央、中央军委的决定：我军将在 2005 年前再裁减军队员额 20 万。2005 年前军队体制编制调整改革的任务是：压缩规模、改革体制、优化结构、调整编组、完善制度、从编成结构上提升军队战斗力。截至 2005 年 12 月 31 日，军队体制编制调整改革方案确定的任务完成，如期裁减员额 20 万，其中全军精简干部 17 万，军队总员额下降为 230 万，陆军部队占全军总员额的比例下降至历史最低点。

五、中国特色社会主义新时代

2012 年 11 月中共十八大以来，习近平就任中共中央总书记、国家主席和中央军委主席，开始推动深化国防和军队改革，是中华人民共和国成立以来规模最大的军事改革。在深化国防和军队改革的进程中产生了习近平强军思想，习近平强军思想有力地指导了深化国防和军队改革的进程。

新中国成立以来，截至 2014 年，中国人民解放军共进行 13 次体制编制调整改革，逐步建立和完善了军队领导管理和作战指挥体制，完成了从单一陆军向诸军种合成军队的转变。

2014 年 10 月 30 日至 11 月 2 日，全军政治工作会议在福建省上杭县古田镇召开。这次会议是习近平主席亲自提议在古田召开的。会议的主要任务是，贯彻整风精神，研究解决新的历史条件下党从思想上政治上建设军队的重大问题。31 日，习近平出席会议并发表重要讲话，强调军队政治工作的时代主题是，紧紧围绕实现中华民族伟大复兴的中国梦，为实现党在新形势下的强军目标提供坚强政治保证；加强和改进新形势下我军政治工作，当前最紧要的是把四个带根本性的东西立起来：把理想信念在全军牢固立起来，把党性原则在全军牢固立起来，把战斗力标准在全军牢固立起来，把政治工作威信在全军牢固立起来；加强和改进新形势下我军政治工作，当前要重点抓好五个方面：着力抓好铸牢军魂工作，着力抓好高中级干部管理，着力抓好作风建设和反腐败斗争，着力抓好战斗精神培育，着力抓好政治工作创新发展。12 月 30 日，中共中央转发《关于新形势下军队政治工作若干问题的决定》。

2015年9月3日,中共中央总书记、国家主席、中央军委主席习近平宣布裁军30万人,至2017年前军队规模将降至200万人。2015年12月31日,成立陆军领导机构、战略支援部队,第二炮兵更名为火箭军。

2017年,在深化国防和军队改革中,陆军现役员额首次降到百万以下;海军、火箭军、战略支援部队现役员额有所增加,空军现役员额不变,这些军兵种总员额与陆军员额大体相当。

自1949年至2016年,中国人民解放军曾以大军区划分作为一级军事组织体制,先后经历过六大军区、十三大军区、七大军区阶段;2016年2月,中国人民解放军以战区体制取代军区体制,成立五大战区。

中华人民共和国成立初期,根据中共中央关于加强军委和大军区两级组织对全军的统一领导的指示,中央军委根据解放战争的进军方向和国家行政区划对大军区的设置适时作出部分调整。1950年1月,华中军区改称为中南军区。2月,西南军区成立。全国从此划分为6个大军区:西北军区、西南军区、华东军区、东北军区、中南军区、华北军区。

1955年2月,根据中共中央、中央军委对全国战略区新的划分,国务院总理周恩来、国防部部长彭德怀签发《关于全国军区重新划分的若干决定》,决定将全国军区重新划分为12个大军区,并对改变的时间、步骤等作出具体规定。军区机构,务必于4月底以前基本改变完毕。军区划分改变的步骤,以先交接,按照新的隶属关系布置进行工作,而后分别制定编制进行整编。12个大军区是:沈阳军区、北京军区、济南军区、南京军区、广州军区、武汉军区、昆明军区、成都军区、兰州军区、新疆军区、西藏军区、内蒙古军区。同年8月,国防部决定取消一级军区、二级军区的称号,统一改称军区、省军区。此后,全军由原来的4级军区体制改为军区、省军区、军分区3级军区体制。

为解决华东战区防御正面过宽和加强福建前线对敌斗争的领导问题,1956年4月,国务院决定将原属南京军区建制的福建、江西两个省军区划出,另外组建福州军区。至此，全国即划分为13个大军区。1967年5月，为统一华北战区的作战指挥，中央军委决定将内蒙古军区改为省级军区，划归北京军区建制领导。1969年12月，鉴于西藏地区的特殊情况，中央军委决定将西藏军区改为省级军区，划归成都军区建制领导。1979年5月，中央军委决定，新疆军区改称乌鲁木齐军区。因此，从1969年到1985年，全国一直划分为11个大军区。

1985年5月，中国政府决定裁减军队员额100万，确定军队建设的指导思想实行战略性转变。为使军队建设适应这一新的情况和未来反侵略战争的需要，中央军委于1985年7月决定将11个大军区调整为7个大军区：北京军区、沈阳军区、兰州军区、济南军区、南京军区、广州军区、成都军区。

中国人民解放军战区，简称战区，是中国人民解放军的一级军事组织，划分为东部战区、南部战区、西部战区、北部战区、中部战区等5个战区。其前身是七大军区，在深化国防和军队改革中根据"军委管总、战区主战、军种主建"的原则而组建。2016年2月1日，五大战区正式成立。

2016年2月1日，中国人民解放军战区成立大会在北京八一大楼召开，中共中央总书记、国家主席、中央军委主席习近平向五大战区司令员、政治委员授予军旗并发布训令。

中国人民解放军东部战区，战区机关驻南京市；中国人民解放军南部战区，战区机关驻广州市；中国人民解放军西部战区，战区机关驻成都市；中国人民解放军北部战区，战区机关驻沈阳市；中国人民解放军中部战区，战区机关驻北京市。

中共中央总书记、国家主席、中央军委主席习近平在中共十九大上所作的报告中指出，解放军将在2020年基本实现机械化，争取在2035年实现国防和军队现代化，到本世纪中叶将解放军建设成为世界一流部队。

第二章

中国国防

中国国防的根本目标，是坚决捍卫国家主权、安全、发展利益。

新时代军事战略方针，坚持防御、自卫、后发制人原则，实行积极防御，坚持"人不犯我、我不犯人，人若犯我、我必犯人"，强调遏制战争与打赢战争相统一，强调战略上防御与战役战斗上进攻相统一。

中国共产党中央军事委员会同时又是中华人民共和国中央军事委员会，中央军事委员会实行主席负责制，确定了党和国家高度集中统一的行使领导职权的中国国防领导体制。

中华人民共和国武装力量，由中国人民解放军、中国人民武装警察部队、民兵组成。

《中华人民共和国国防法》的公布实施，为加强国防和军队建设提供了基本的法律保障。

第一节 中国的国防政策

国防政策，是国家制定的一定时期内指导国家防务的基本行动准则，是国家政策的重要组成部分。

中国的社会主义国家性质，和平发展道路的战略抉择，独立自主的和平外交政策，"和为贵"的中华文化传统，决定着中国始终不渝地奉行防御性国防政策。

新时代中国的防御性国防政策，包括根本目标、鲜明特征、战略指导、发展路径等主要内容。

一、根本目标

中国国防的根本目标，是坚决捍卫国家主权、安全、发展利益。

慑止和抵抗侵略，保卫国家政治安全、人民安全和社会稳定，反对和遏制"台独"，打击"藏独""东突"等分裂势力，捍卫国家主权、统一、领土完整和安全。维护国家海洋权益，维护国家在太空、电磁、网络空间的安全利益，维护国家海外利益，支撑国家可持续发展。

中国坚定维护国家主权和领土完整。南海诸岛、钓鱼岛及其附属岛屿是中国固有领土。中国在南海岛礁进行基础设施建设，部署必要的防御性力量，在东海钓鱼岛海域进行巡航，是依法行使国家主权。中国致力于与直接有关的当事国在尊重历史事实和国际法的基础上，通过谈判协商解决有关争议。中国坚持与地区国家一道维护和平稳定，坚定维护各国依据国际法所享有的航行和飞越自由，维护海上通道安全。

解决台湾问题，实现国家完全统一，是中华民族的根本利益，是实现中华民族伟大复兴的必然要求。中国坚持"和平统一、一国两制"方针，推动两岸关系和平发展，推进中国和平统一进程，坚决反对一切分裂中国的图谋和行径，坚决反对任何外国势力干涉。中国有坚定决心和强大能力维护国家主权和领土完整，决不允许把任何一块中国领土从中国分裂出去。我们不承诺放弃使用武力，保留采取一切必要措施的选项。

二、鲜明特征

中国国防的鲜明特征，是坚持永不称霸、永不扩张、永不谋求势力范围。

新中国成立70多年来，中国没有主动挑起过任何一场战争和冲突。改革开放以来，中国致力于促进世界和平，主动裁军400余万。中国既通过维护世界和平为自身发展创造有利条件，又通过自身发展促进世界和平，真诚希望所有国家都选择和平发展道路，共同防范冲突和战争。

中国坚持在和平共处五项原则基础上发展与各国的友好合作，尊重各国人民自主选择发展道路的权利，主张通过平等对话和谈判协商解决国际争端，反对干涉别国内政，反对恃强凌弱，反对把自己的意志强加于人。中国坚持结伴不结盟，不参加任何军事集团，反对侵略扩张，反对动辄使用武力或以武力相威胁。中国决不走追逐霸权、"国强必霸"的老路。

三、战略指导

中国国防的战略指导，是贯彻落实新时代军事战略方针。

新时代军事战略方针，坚持防御、自卫、后发制人原则，实行积极防御，坚持"人不犯我、我不犯人，人若犯我、我必犯人"，强调遏制战争与打赢战争相统一，强调战略上防御与战役战斗上进攻相统一。

贯彻落实新时代军事战略方针，服从服务党和国家战略全局，落实总体国家安全观，积极适应战略竞争新格局、国家安全新需求、现代战争新形态，有效履行新时代军队使命任务。根据国家面临的安全威胁，扎实做好军事斗争准备，全面提高新时代备战打仗能力，构建立足防御、多域统筹、均衡稳定的新时代军事战略布局。坚持全民国防，创新人民战争的战略战术和内容方法，充分发挥人民战争整体威力。

中国始终奉行在任何时候和任何情况下都不首先使用核武器、无条件地承诺不对无核武器国家和无核武器区使用或威胁使用核武器的核政策，主张最终全面禁止和彻底销毁核武器，不会与任何国家进行核军备竞赛，始终把自身核力量维持在国家安全需要的最低水平。中国坚持自卫防御核战略，目的是遏制他国对中国使用或威胁使用核武器，确保国家安全。

四、发展路径

中国国防的发展路径，是坚持走中国特色强军之路。

建设与国际地位相称、与国家安全和发展利益相适应的巩固国防和强大军队，是中国社会主义现代化建设的战略任务，是坚持走和平发展道路的安全保障，是总结历史经验的必然选择。

新时代中国国防和军队建设，深入贯彻习近平强军思想，深入贯彻习近平军事战略思想，坚持政治建军、改革强军、科技强军、人才强军、依法治军，聚焦能打仗、打胜仗，推动机械化信息化融合发展，加快军事智能化发展，构建中国特色现代军事力量体系，完善和发展中国特色社会主义军事制度，不断提高履行新时代使命任务的能力。

新时代中国国防和军队建设的战略目标是，到2020年基本实现机械化，信息化建设取得重大进展，战略能力有大的提升。

与国家现代化进程相一致，全面推进军事理论现代化、军队组织形态现代化、军事人员现代化、武器装备现代化，力争到2035年基本实现国防和军队现代化，到本世纪中叶把人民军队全面建设成为世界一流军队。

第二节 ★ 中国的国防体制

国防体制，指国防组织形式、机构设置、隶属关系、权限划分、管理法规制度的总称。国防体制是国家基本制度的重要组成部分，也是国家政治体制的重要内容。它同时还是国家政权组织形式的重要组成部分。由于各国体制的不同，其机构设置也不尽相同，但一般设有最高统帅、最高国防决策机构、国家行政机关管理国防事务的部门、武装力量领导指挥体制等。

中华人民共和国中央人民政府自1949年10月1日成立以来，为使国防领导体制适应国家政治、经济、科技的发展，以及世界军事变革的需求，特别是适应军事发展和保障国家安全的需要，对国防领导体制进行了多次调整改革，已经在实践中不断得到发展和完善。

中华人民共和国成立之初，根据《中国人民政治协商会议共同纲领》和《中华人民共和国中央人民政府组织法》的规定，设中央人民政府人民革命军事委员会，作为国家最高军事领导机关，统一管辖并指挥中国人民解放军和人民公安部队。1949年10月1日，中央人民政府委员会在北京举行第一次会议，任命毛泽东为中央人民政府人民革命军事委员会主席，朱德为中国人民解放军总司令。军委日常工作由周恩来主持。1952年7月，中共中央决定中央军委的日常工作由彭德怀主持。1954年9月20日，第一届全国人民代表大会第一次会议通过的《中华人民共和国宪法》规定，设立中华人民共和国国防委员会，从而不再设立中央人民政府人民革命军事委员会。28日，中共中央政治局通过《关于成立党的军事委员会的决议》,指出必须同过去一样,在中央政治局和书记处之下成立党的军事委员会,领导全部军事工作;决定新的中共中央军委由毛泽东、朱德、彭德怀等12人组成,毛泽东任主席,彭德怀主持军委日常工作。1958年7月,中共中央军委扩大会议通过的《关于改变组织体制的决议(草案)》规定,中央军委是中共中央的军事工作部门,是统一领导全军的统帅机关,军委主席是全军统帅。

1982年12月,第五届全国人民代表大会第五次会议通过的《中华人民共和国宪法》(1982年12月4日第五届全国人民代表大会第五次会议通过、1982年12月4日全国人民代表大会公告公布施行,根据1988年4月12日第七届全国人民代表大会第一次会议通过的《中华人民共和国宪法修正案》、1993年3月29日第八届全国人民代表大会第一次会议通过的《中华人民共和国宪法修正案》、1999年3月15日第九届全国人民代表大会第二次会议通过的《中华人民共和国宪法修正案》和2004年3月14日第十届全国人民代表大会第二次会议通过的《中华人民共和国宪法修正案》)规定,设立中华人民共和国中央军事委员会,领导全国武装力量。中央军事委员会实行主席负责制,主席由全国人民代表大会选举或罢免。与此同时,中共中央军事委员会继续存在,其职能和国家中央军事委员会相同。

因此,中央军事委员会同时有两个名称:一个是中国共产党中央军事委员会,一个是中华人民共和国中央军事委员会,从而确定了党和国家高度集中统一的行使领导职权的国防领导体制。

2016年1月,中共中央总书记、国家主席、中央军委主席习近平领导全面实施改革强军战略,在军委机关调整组建层面上,撤销原来的总参谋部、总政治部、总后勤部、总装备部等4个总部,改为7个部(厅)、3个委员会、5个直属机构共15个职能部门,即中央军委办公厅、中央军委联合参谋部、中央军委政治工作部、中央军委后勤保障部、中央军委装备发展部、中央军委训练管理部、中央军委国防动员部、中央军委纪律检查委员会、中央军委政法委员会、中央军委科学技术委员会，中央军委战略规划办公室、中央军委改革和编制办公室、中央军委国际军事合作办公室、中央军委审计署、中央军委机关事务管理总局。

中华人民共和国中央军事委员会与中国共产党中央军事委员会事实上是"一个机构、两块牌子"。对武装力量发布的命令，一般仅使用中国共产党中央军事委员会名义，或以中央军委作为统称。与中华人民共和国国务院联合发布命令，则使用中华人民共和国中央军事委员会的名义。中央军事委员会实行主席负责制。

根据宪法和国防法，中华人民共和国的国防领导职权由中共中央、全国人民代表大会及其常务委员会、国家主席、国务院、中央军事委员会行使。

中共中央的国防领导职权。中国共产党作为执政党，是领导中国社会主义事业的核心力量。中共中央在国家生活包括国防事务中发挥着决定性的领导作用。有关国防、战争和军队建设的重大问题，都是由中共中央、中央军委、中央政治局做出决策并通过必要的法定程序，作为党和国家的统一决策贯彻执行。

全国人民代表大会的国防领导职权。中华人民共和国全国人民代表大会是最高国家权力机关。它在国防领导方面的职权主要有：决定战争与和平的问题；制定有关国防方面的基本法律法规；选举中央军事委员会主席，根据中央军事委员会主席的提名，决定中央军事委员会其他组成人员，并有权罢免以上人员；审查和批准包括国防建设计划在内的国民经济和社会发展计划，并监督计划执行；审查和批准包括国防经费预算在内的国家预算和预算执行情况的报告；改变或者撤销全国人民代表大会常务委员会在国防方面的不适当的决定等。

全国人民代表大会常务委员会在国防方面的职权主要有：在全国人民代表大会闭会期间，如果遇到国家遭受武装侵犯或者必须履行国际共同防止侵略条约的情况，决定战争状态的宣布；决定全国总动员或者局部动员；制定国防方面的法律；在全国人民代表大会闭会期间，审查和批准包括国防建设计划在内的国民经济和社会发展计划，包括国防经费预算在内的国家预算执行过程中所必须做的部分调整方案；监督中央军事委员会的工作；在全国人民代表大会闭会期间，根据中央军事委员会主席的提名，决定中央军事委员会其他组成人员的人选；根据最高人民法院院长和最高人民检察院检察长的提请，任免军事法院院长和军事检察院检察长；决定同外国缔结的有关国防方面的条约和重要协定的批准和废除；规定军人的衔级制度；规定和决定授予在国防方面国家的勋章和荣誉称号；全国人民代表大会授予的国防方面的其他职权。

国家主席的国防领导职权。中华人民共和国主席的国防领导职权主要有：根据全国人民代表大会的决定和全国人民代表大会常务委员会的决定，宣布战争状态；根据全国人民代表大会的决定和全国人民代表大会常务委员会的决定，发布动员令；公布全国人民代表大会及其常务委员会制定的有关国防方面的法律；根据全国人民代表大会常务委员会的决定，授予在国防方面国家的勋章和荣誉称号；根据全国人民代表大会常务委员会的决定，批准和废除同外国缔结的有关国防方面的条约和重要协定。

国务院的国防领导职权。中华人民共和国国务院是最高国家行政机关。它的国防领导职权包括：编制国防建设发展规划和计划，制定国防建设方面的方针、政策和行政法规，领导和管理国防科研生产，管理国防经费和国防资产，领导和管理国民经济动员工作和人民武装动员、人民防空、国防交通等方面的有关工作，领导和管理拥军优属工作和退出现役军人的安置工作，领导国防教育工作，与中央军事委员会共同领导中国人民武装警察部队、民兵的建设和征兵、预备役工作以及边防、海防、空防的管理工作，以及法律规定的与国防建设事业有关的其他方面的职权。中华人民共和国国防部是中华人民共和国国务院的一个组成部门。

根据《中华人民共和国宪法》规定，国务院领导和管理国防建设事业。国务院设立国防部，一切需要由政府负责的军事工作，则经国务院做出相应决定，通过国防部或以国防部的名义组织实施。国防部在接受国务院领导的同时也接受中央军事委员会的领导。需要国防部办理的事宜，2016年1月以前由总参谋部、总政治部、总后勤部、总装备部分别办理，2016年1月起由中央军委有关部门分别办理。

中央军事委员会的国防领导职权。中华人民共和国中央军事委员会是最高国家军事机关，负责领导全国武装力量。其职权主要包括：统一指挥全国武装力量；决定军事战略和武装力量的作战方针；领导和管理中国人民解放军的建设，制定规划、计划并组织实施；向全国人民代表大会或者全国人民代表大会常务委员会提出议案；根据宪法和法律，制定军事法规，发布决定和命令；决定中国人民解放军的体制和编制，规定总部（中央军委各部门）和军区（战区）、各军兵种和其他军级单位的任务和职责；依据法律、军事法规的规定，任免、培训、考核和奖惩武装力量成员；批准武装力量的武器装备体制和武器装备发展规划、计划，协同国务院领导和管理国防科研生产；会同国务院管理国防经费和国防资产以及法律规定的其他方面的职权。

第三节 中国的武装力量

武装力量，是国家或政治集团所拥有的各种武装组织的统称。中华人民共和国武装力量，由中国人民解放军、中国人民武装警察部队、民兵组成。中华人民共和国中央军事委员会领导并统一指挥全国武装力量。

一、中国人民解放军

中国人民解放军是中国共产党缔造和领导的人民军队，是中国武装力量的主体，由现役部队和预备役部队组成。

（一）中国人民解放军现役部队

中国人民解放军现役部队是国家的常备军，由陆军、海军、空军、火箭军、战略支援部队、联勤保障部队、军队院校和国防科学技术研究机构组成，分别设有陆军领导机关、海军领导机关、空军领导机关、火箭军领导机关和战略支援部队领导机关，主要担负防卫作战任务，必要时可以依照法律规定协助维护社会秩序。长期以来，中国人民解放军是实行中央军事委员会领导下的总参谋部、总政治部、总后勤部、总装备部的四总部体制，以实现对全军的作战指挥和建设领导。2016年1月，按照军委管总、战区主战、军种主建的总原则，总部制改为军委多部门制；七大军区调整为五大战区，主管联合作战指挥；陆军领导机关、海军领导机关、空军领导机关、火箭军领导机关和战略支援部队领导机关，主管军种部队建设。2016年2月1日，东部战区、南部战区、西部战区、北部战区、中部战区正式成立，沈阳军区、北京军区、兰州军区、济南军区、南京军区、广州军区、成都军区番号撤销。

（二）中国人民解放军预备役部队

中国人民解放军预备役部队组建于 1983 年，是以现役军人为骨干、预备役人员为基础，按规定的体制编制组成的部队。预备役部队实行统一编制，师、旅、团授予番号、军旗，执行人民解放军的条令、条例，列入人民解放军序列，平时归省军区（卫戍区、警备区）建制领导，战时动员后归指定的现役部队指挥或单独执行作战任务；平时按照规定进行训练，必要时可以依照法律规定协助维护社会秩序，战时根据国家发布的动员令转为现役部队。

二、中国人民武装警察部队

中国人民武装警察部队是中华人民共和国武装力量的重要组成部分，是保卫社会主义现代化建设的一支重要力量，组建于 1982 年 6 月 19 日，当时内卫部队和黄金、森林、水电、交通部队组成，列入武警序列的还有公安边防、消防、警卫部队。内卫部队由各总队和机动师组成。武警部队根据人民解放军的建军思想、宗旨、原则，按照其条令、条例和有关规章制度，结合武警部队特点进行建设，执行《中华人民共和国兵役法》，享受人民解放军的同等待遇。自 2018 年 1 月 1 日零时起，中国人民武装警察部队由党中央、中央军委集中统一领导，实行中央军委—武警部队—部队领导指挥体制。

人民武装警察部队由内卫部队、机动部队、海警部队和院校、研究机构等组成。人民武装警察部队担负执勤、处置突发社会安全事件、防范和处置恐怖活动、海上维权执法、抢险救援和防卫作战以及中央军事委员会赋予的其他任务。

武警部队在维护国家安全和社会稳定、保卫人民美好生活中肩负着重大职责，实行"中央军委—武警部队—部队"领导指挥体制，武警部队的根本职能属性没有发生变化，不列入解放军序列。公安边防部队、公安消防部队、公安警卫部队退出现役，国家海洋局领导管理的海警队伍转隶武警部队，武警黄金、森林、水电部队整体移交国家相关职能部门并改编为非现役专业队伍，撤收武警部队海关执勤兵力，彻底理顺武警部队领导管理和指挥使用关系。调整后，武警部队包括内卫部队、机动部队、海警部队等。按照多能一体、有效维稳的战略要求，加强执勤、处突、反恐、海上维权和行政执法、抢险救援等能力建设，努力建设一支强大的现代化武警部队。

武警部队机关下设参谋部、政治工作部、后勤部、装备部、纪律检查委员会。

三、民兵

民兵是不脱离生产的群众武装组织，是人民解放军的后备力量，是进行现代条件下人民战争的基础。民兵工作在国务院、中央军委领导下，由中央军委国防动员部主管。民兵在军事机关的指引下，战时担负配合常备军作战、独立作战、为常备军作战提供战斗勤务保障以及补充兵员等任务，平时担负战备执勤、抢险救灾和维护社会秩序等任务。

按照《中华人民共和国兵役法》的规定，凡年满18岁至35岁符合服兵役条件的男性公民，除征集服现役者外，编入民兵组织服预备役。民兵分为基干民兵和普通民兵。28岁以下退出现役的士兵和经过军事训练的人员，以及选定参加军事训练的人员，编为基干民兵。其余18岁至35岁符合服预备役条件的男性公民，编为普通民兵。根据需要，也可吸收女性公民参加基干民兵。

农村的乡镇、行政村，城市街道和具有一定规模的企业事业单位，是民兵的基本组建单位。基干民兵单独编组，在县级行政区内的民兵军事训练基地集中进行军事训练，目前编有应急分队和高炮、高机、便携式防空导弹、地炮、通信、防化、工兵、侦察等专业技术分队。

为使民兵在遇有情况时能够召之即来，中国政府建立了民兵战备制度，定期在民兵中开展以增强国防观念为目的的战备教育，有针对性地按战备预案进行演练，提高执行任务的能力。

第四节 中国的国防法

国防法，或称军事法，是调整国防和武装力量建设领域各种社会关系的法律规范的总和。在社会主义市场经济体制下，在依法治国的大环境中，国防法规对于加强国防和武装力量建设，做好新时期军事斗争准备，发挥着越来越重要的作用。

国防法是国家法律的组成部分，是由国家制定或认可的，并由国家强制力保证其实施的行为规范，具有法律的一般特性：鲜明的阶级性、高度的权威性、严格的强制性、普遍的适用性、相对的稳定性。同时，国防法还具有区别于其他法规的特殊性质，主要表现在4个方面：

强调对象的军事性。国防法规所调整的是国防和武装力量建设领域的各种社会关系，包括军队内部的社会关系、武装力量内部的社会关系、武装力量与外部的社会关系。

公开程度的有限性。一般的法律都是公开的，而国防法规的公开程度比较低。

司法适用的优先性。"特别法优先于普通法"是国际公认的法律适用原则。国防法规属于特别法，因而在司法程序上实行"军法优先"。

处罚措施的严厉性。国防法规所保护的国防利益，是关系国家兴衰存亡的、最根本的利益，因而对危害国防利益的犯罪实行比较严厉的处罚。同一类型的犯罪，战时的处罚则更为严厉。

一、《中华人民共和国国防法》

《中华人民共和国国防法》，简称《国防法》，1997年3月14日由第八届全国人民代表大会第五次会议审议通过，江泽民主席同时签署第八十四号主席令公布施行。根据2009年8月27日第十一届全国人民代表大会常务委员会第十次会议《关于修改部分法律的决定》修正。2020年12月26日第十三届全国人民代表大会常务委员会第二十四次会议修订，自2021年1月1日起施行。该法分为12章73条，主要规定了总则（国防活动的基本原则），国家机构的国防职权，武装力量的构成、任务和建设，边防、海防、空防和其他重大安全领域防卫，国防科研生产和军事采购，国防经费和国防资产，国防教育，国防动员和战争状态，公民、组织的国防义务和权利，军人的义务和权益，对外军事关系，附则（对"军人"的界定，该法的适用范围和开始日期等）等。《国防法》是中国国防和武装力量建设的基本法。

（一）国防活动的基本原则

国防活动的基本原则是由《国防法》确认和体现的、对国防活动具有普遍指导意义的行为准则，反映了《国防法》的本质和基本精神。《国防法》所确认的中国国防活动的基本原则有5项：

1. 独立自主。独立自主原则表明了中国国防的自主性。
2. 积极防御。积极防御原则表明了中国国防的防御性。
3. 全民防卫。全民防卫原则表明了中国国防的人民性。
4. 协调发展。协调发展原则表明了中国国防的整体性，国防发展既是国家整体发展的组成部分，又依赖于国家的整体实力。
5. 统一领导。统一领导原则表明了中国国防的集中性。

（二）公民、组织的国防义务和权利

公民、组织的国防义务，是指由宪法和法律规定的公民、组织在国防活动中必须履行的责任，由国家强制力保证其落实。公民、组织的国防权利是指宪

法和法律赋予公民、组织在国防活动中享有的权利或利益，国家从法律和物质上保障公民享有这种权利的可能性。国防是国家生存和发展必不可少的条件，每一个公民和社会组织都必须分担相应的国防义务；公民和组织在履行国防义务的同时，也享有相应的国防权利。

1. 公民、组织的国防义务

根据《国防法》的规定，公民和组织负有7个方面的国防义务：

①兵役义务；②承担国防科研生产任务、接受国家军事订货的义务；③在交通建设中贯彻国防要求和优先保障军人、军车（船）通行的义务；④接受国防教育的义务；⑤保护国防设施的义务；⑥保守国家秘密的义务；⑦支持国防建设、协助军事活动的义务。其中①⑤⑥⑦项是公民和组织共有的义务，④项是公民特有的义务，②③项是组织特有的义务。

2. 公民、组织的国防权利

根据《国防法》的规定，公民和组织享有3个方面的国防权利：

①对国防建设提出建议的权利；②对危害国防的行为进行制止或者检举的权利；③因国防建设和军事活动在经济上受到直接损失的，依照国家有关规定取得补偿的权利。

（三）新版国防法的主要修订内容

2020年的国防法修订，充实了国防和军队建设各领域的基本制度，体现了相关重大政策制度改革成果，并对部分文字表述作了调整修改，共修改50条、增加6条、删除3条，调整了第四章、第五章的章名。主要修订内容如下：

1. 确立习近平新时代中国特色社会主义思想在国防活动中的指导地位

在第一章"总则"中新增指导思想，将习近平新时代中国特色社会主义思想、习近平强军思想贯穿于国防和军队建设各领域、各环节、全过程，反映和体现在各章具体条文中。

2. 调整国家机构的国防职权

结合党和国家机构改革、国防和军队改革实际，根据有关领导管理体制改革方案,在第二章"国家机构的国防职权"中,按照适应新体制新职能的要求,对国务院和中央军委的部分国防职权作出相应调整;增加了军委主席负责制的内容。

3. 充实武装力量的任务和建设目标

在第三章"武装力量"中,增加新时代军队"四个战略支撑"使命任务,调整充实解放军现役部队和预备役部队、武警部队、民兵的具体任务,充实完善党在新时代的强军目标和治军方略的相关内容。同时,明确解放军和武警部队实行文职人员制度,增加关于保护军旗、军徽和武警旗、武警徽的内容。

4. 拓展重大安全领域防卫政策

贯彻新时代军事战略方针,着眼新型安全领域活动和利益的防卫需要,将传统边海空防拓展至边防、海防、空防和其他重大安全领域防卫,明确太空、电磁、网络空间等重大安全领域防卫政策,为相关领域防卫力量建设提供法律依据;明确中央和国家机关按照职能分工履行边海空防和其他重大安全领域管理和防卫工作职责。

5. 改进国防科研生产和军事采购制度

调整充实国防科研生产的政策方针、基本任务、管理制度,建立健全符合市场经济、价值规律、有利于军地资源共建共用共享的制度机制;健全完善公平竞争的武器装备和物资、工程、服务采购制度。

6. 充实完善国防教育和国防动员制度

根据国防教育和国防动员领导管理体制改革实际,规定国防教育主管部门和其他有关部门国防教育工作职责,增加公职人员模范带头参加国防教育等内容,明确普通高校和高中学生军训制度;对国家国防动员领导机构、中央和国家机关、军委机关有关部门组织动员准备和动员实施的工作职责作出规定。

7. 强化军人地位和权益保护

明确军人必须忠诚于党的义务要求,着眼"使军人成为全社会尊崇的职业",重点对军人地位、荣誉、权利和相关保障等各方面基本制度作出规定,为配套法律法规提供接口和遵循。

8. 充实对外军事关系政策制度

贯彻总体国家安全观和习近平外交思想，新增"坚持共同、综合、合作、可持续的安全观""推动构建人类命运共同体"等内容，充实完善处理国际社会与军事有关事务的方针原则；根据新时代军队使命任务的要求，新增遵循以联合国宪章宗旨和原则为基础的国际关系基本准则，依照国家法律，运用武装力量实施海外行动的规定。

《中华人民共和国国防法》的公布实施，为加强国防和军队建设提供了基本的法律保障，对于适应社会主义民主与法制建设的新形势，不断提高国防和武装力量的建设水平，有效保护国家的安全和利益，加快国防现代化建设的步伐，保障改革开放和经济建设的顺利进行，保证国家长治久安，具有重要的现实意义和深远的历史意义。

二、《中华人民共和国兵役法》

《中华人民共和国兵役法》，简称《兵役法》，1984年5月31日中华人民共和国第六届全国人民代表大会第二次会议通过，同日中华人民共和国主席令公布。自同年10月1日起施行。根据1998年12月29日第九届全国人民代表大会常务委员会第六次会议《关于修改〈中华人民共和国兵役法〉的决定》第一次修正；根据2009年8月27日第十一届全国人民代表大会常务委员会第十次会议《关于修改部分法律的决定》第二次修正；根据2011年10月29日第十一届全国人民代表大会常务委员会第二十三次会议《关于修改〈中华人民共和国兵役法〉的决定》第三次修正。该法共12章74条，主要内容包括：总则（中国的兵役制度，公民的兵役义务和权利），平时征集，士兵的现役和预备役，军官的现役和预备役，军队院校从青年学生中招收的学员，民兵，预备役人员的军事训练，普通高等学校和普通高中学生的军事训练，战时兵员动员，现役军人的待遇和退出现役的安置，法律责任（违反兵役法的惩处），附则（该法的适用范围和开始实施日期等）。

（一）兵役制度

《兵役法》第二条规定："中华人民共和国实行义务兵与志愿兵相结合、民兵与预备役相结合的兵役制度。"义务兵役制，是指国家法律要求公民在一定的年龄内必须服一定期限的兵役制度，具有强制性；志愿兵役制，是指公民本着自愿原则，根据军队需要确定其服现役的制度，不具备强制性。

根据《兵役法》规定，公民服士兵预备役和参加民兵组织的年龄是一致的，都是年满18岁到35岁。经过登记的应征公民，除服现役以外，都被编入民兵组织服预备役。

（二）兵役原则

一是人人平等原则。《兵役法》第三条规定："中华人民共和国公民，不分民族、种族、职业、家庭出身、宗教信仰和教育程度，都有义务依照本法的规定服兵役。"

二是兼顾性别的原则。男女公民都有服兵役的义务，但是也要充分考虑到女性公民的生理特点和军队建设的实际需要。

三是照顾弱者的原则。《兵役法》规定："有严重生理缺陷或者严重残疾不适合服兵役的人，免服兵役。"

四是控制从严的原则。《兵役法》规定："依照法律被剥夺政治权利的人，不得服兵役。""应征公民正在被依法侦查、起诉、审判的或者被判处徒刑、拘役、管制正在服刑的，不征集。"

（三）学生军训

学生军事训练简称为军训，它是指普通高等学校、普通高中和中等职业学校的学校组织在校学生进行的军事理论教育和军事技能训练。

《兵役法》第四十五条规定："普通高等学校的学生在就学期间，必须接受基本军事训练。"《兵役法》第四十七条规定："普通高中和中等职业学校，配备军事教员，对学生实施军事训练。"

《中华人民共和国兵役法》是国家建立和实行兵役制度的基本依据。它的公布施行，对于进一步完善兵役制度，保障公民履行兵役义务，加强军队建设和后备力量建设，巩固国防，具有重要意义。

三、《中华人民共和国国防教育法》

《中华人民共和国国防教育法》，简称《国防教育法》，2001 年 4 月 28 日由第九届全国人民代表大会常务委员会第二十一次会议通过，并由江泽民主席公布施行。根据 2018 年 4 月 27 日中华人民共和国主席令第六号《全国人民代表大会常委会关于修改〈中华人民共和国国境卫生检疫法〉等六部法律的决定》修正。该法共 6 章 38 条，主要规定了国防教育的基本方针和原则，其中包括学校国防教育、社会国防教育、国防教育的保障和法律责任等。2001 年 8 月 31 日，第九届全国人民代表大会常务委员会第二十三次会议通过了《全国人民代表大会常务委员会关于设立全民国防教育日的决定》，确定每年 9 月第三个星期六为全民国防教育日。

《国防教育法》以法律的形式规定了中华人民共和国公民都有接受国防教育的权利和义务。普及和加强国防教育是全社会的共同责任。一切国家机关和武装力量、各政党和各社会团体、各企业事业组织以及基层群众性自治组织，都应当根据各自的实际组织本地区、本部门、本单位开展国防教育。因此，《国防教育法》具有加强武装力量建设、增进全体公民的国防观念、增强公民国防意识和法律意识的重要意义。

1. 国防教育的目的。《国防教育法》第三条规定："国家通过开展国防教育，使公民增强国防观念，掌握基本的国防知识，学习必要的军事技能，激发爱国热情，自觉履行国防义务。"这就是国防教育的目的所在。

2. 国防教育的方针原则。《国防教育法》第四条明确了国防教育的方针和原则，即"国防教育贯彻全民参与、长期坚持、讲求实效的方针，实行经常教育与集中教育相结合、普及教育与重点教育相结合、理论教育与行为教育相结合的原则，针对不同对象确定相应的教育内容分类组织实施。"

国防教育方针，主要是从国防教育的现实情况出发，密切联系实际，实事求是地加以确定。它在一定的历史阶段规定国防教育工作发展的总方向、总目标，是国防教育的总概括。

3.国防教育的内容十分丰富，主要包括：政治思想教育、国防理论教育、国防历史教育、国防科技教育、国防法规教育、军事技术战术训练以及与国防相关的品德教育等等。一般情况下，可以将国防教育的内涵归纳为4个方面，即国防理论、国防精神、国防知识和国防技能。

《中华人民共和国国防教育法》的公布施行，标志着中国国防教育走上法制化轨道，对于贯彻落实《中华人民共和国国防法》《中华人民共和国教育法》的有关规定，普及和加强公民国防教育，增强公民的国防观念，激发公民的爱国热情，提高公民的综合素质，促进国防建设和社会主义精神文明建设，具有重要意义。

第三章 ★ 军兵种知识

中国人民解放军军徽、军旗，均为象征中国人民解放军的标志之一。中国人民解放军军歌，正式名称为《中国人民解放军进行曲》。实行军衔制，是中国人民解放军正规化建设的重要内容。

中国人民解放军正在按照调整优化结构、发展新型力量、理顺重大比例关系、压减数量规模的要求，推动军队由数量规模型向质量效能型、人力密集型向科技密集型转变。目前，现役总员额为200万。

中国人民解放军现役部队由中国人民解放军陆军、中国人民解放军海军、中国人民解放军空军、中国人民解放军火箭军、中国人民解放军战略支援部队、中国人民解放军联勤保障部队组成。

了解武器装备基本知识，也是学生军训的重要内容之一。

第一节 军徽、军旗、军歌、军衔

一、军徽

军徽，是象征军队的标志之一。中国人民解放军军徽，是象征中国人民解放军的标志之一。

中国人民解放军陆军军徽亦即中国人民解放军军徽。中国人民解放军海军军徽、中国人民解放军空军军徽均以"八一"军徽为主体，表示海军、空军是中国人民解放军的一部分，是在陆军的基础上发展壮大起来的。海军军徽为藏蓝色底，象征广阔的海洋，衬以银灰色铁锚，代表舰艇；空军军徽为天蓝色底，象征无垠的蓝天，衬以金黄色飞鹰两翼，代表飞机。

红军时期，在统一规定军旗制作时曾设计过军徽式样，但由于战争残酷、物资匮乏，无法在全军推广。后来，中国人民解放军曾经使用过的红五星帽徽、"八路"和"新四军"臂章、"中国人民解放军"胸章等，一定程度上也起到了军徽的作用。1948年冬，在解放战争即将取得全国胜利之时，中共中央军委和解放军总部领导人在河北西柏坡讨论军队正规化问题时，同时提出了统一军旗、军徽的问题，确定由军委副主席周恩来主持军旗、军徽工作，并由总政治部研究室副主任兼第一研究室主任黄镇牵头组成设计组。军旗、军徽样式的汇集、综合和研议工作交由军委作战部一局承办。

1949年6月15日，中国人民革命军事委员会发布命令，公布中国人民解放军军旗及军徽样式。命令指出，中国人民解放军军徽样式为镶有金黄色边之五角红星，中嵌金黄色"八一"两字，亦称"八一"军徽。红星象征中国人民获得解放，"八一"表示1927年8月1日中国人民举行南昌起义反对国民党反动派，从此人民解放军诞生了。

二、军旗

军旗，是象征军队的标志之一。中国人民解放军军旗，是象征中国人民解放军的标志之一。

中国人民解放军军旗，红底色象征着革命，上缀金黄色的五角星及"八一"两字，表示自1927年8月1日南昌起义诞生以来，经过长期奋斗，正以其灿烂的星光，普照全国。旗面为红底，长方形，横直为5∶4。旗杆套用白色，宽为旗面横长的1/16。旗杆为红黄二色相间之旋纹，上置黄色矛头。由旗面的中心点向上下画一垂直中线，向左右画一水平中线，将旗面分为四个面积相等的长方格。五角星及"八一"两字均为金黄色，位于上方近旗杆之长方格内。

1949年初，党中央指示解放军总部提出制作中国人民解放军军旗的方案。周恩来亲自主持这项工作。在研究设计过程中，毛泽东亲自听取汇报，并指示：军旗要有"八一"二字，表示1927年8月1日是中国人民举行南昌起义反对国民党反动派的历史节日；要有五角星，象征党对军队的绝对领导。周恩来指示：军旗要以革命的颜色、广大人民群众的传统喜庆颜色——红色作为主体。星和字用黄色，旗杆要有红黄二色旋纹，顶部要装一个红缨枪的矛头，饰着红穗，象征人民军队的由来。

1949年6月15日，中国人民革命军事委员会发布命令，颁布《关于公布中国人民解放军军旗及军徽样式》。命令指出："中国人民解放军军旗为红地，上缀金黄色的五角星及'八一'两字，表示中国人民解放军自一九二七年八月一日南昌起义诞生以来，经过长期奋斗，正以其灿烂的星光，普照全国。"

三、军歌

中国人民解放军军歌正式名称为《中国人民解放军进行曲》，由公木作词，郑律成作曲，创作于 1939 年。原名《八路军进行曲》，是组歌《八路军大合唱》中的一首。1951 年 2 月 1 日，中央人民政府人民革命军事委员会总参谋部颁发试行的《中国人民解放军内务条令（草案）》，将《人民解放军进行曲》改名为《人民解放军军歌》。1953 年 5 月 1 日，中华人民共和国中央人民政府人民革命军事委员会重新颁布的《中国人民解放军内务条令（草案）》，又将其改为《人民解放军进行曲》。1965 年更名为《中国人民解放军进行曲》。1988 年 7 月 25 日，中央军委主席邓小平签署命令："经党中央批准，中央军委决定将《中国人民解放军进行曲》定为中国人民解放军军歌。"

歌词：

向前！向前！向前！
我们的队伍向太阳，
脚踏着祖国的大地，
背负着民族的希望，
我们是一支不可战胜的力量。
我们是工农的子弟，
我们是人民的武装，
从无畏惧，绝不屈服，英勇战斗，
直到把反动派消灭干净，毛泽东的旗帜高高飘扬。
听！风在呼啸军号响，听！革命歌声多嘹亮！
同志们整齐步伐奔向解放的战场，
同志们整齐步伐奔赴祖国的边疆，
向前！向前！我们的队伍向太阳，
向最后的胜利，向全国的解放！

四、军衔

中国人民解放军曾于 1955 年和 1988 年两度实行军衔制度，1965 年 5 月，第三届全国人大常委会第九次会议通过了《关于取消中国人民解放军军衔制度的决定》，此后的 20 余年里中国人民解放军不再设置军衔。20 世纪 80 年代，中共中央开始考虑重新实施军衔制度。1987 年 12 月 30 日，中央军委常务会决定在 1988 年国庆节（10 月 1 日）前实行新的军衔制度。

现行的中国人民解放军军衔制度于 1988 年开始实行，初设为 6 等 17 级。1993 年将士兵军衔由 3 等 6 级增设为 3 等 9 级，1994 年取消一级上将军衔，1999 年将士兵军衔由 3 等 9 级精简为 2 等 8 级，2009 年又修改为 2 等 9 级。在实行新军衔制的同时，1988 年 7 月 1 日，七届人大常委会二次会议审议通过中央军事委员会《关于确认 1955 年至 1965 年期间授予的军官军衔》的议案，对 1955 年至 1965 年期间被授予军官军衔的人员，其军衔予以确认，表明"55 式军衔"作为个人荣誉至今仍然有效。现行军衔分为 5 等 19 级：

将官：上将、中将、少将。

校官：大校、上校、中校、少校。

尉官：上尉、中尉、少尉。

士官：一级军士长（七期士官）、二级军士长（六期士官）、三级军士长（五期士官）、四级军士长（四期士官）、上士（三期士官）、中士（二期士官）、下士（一期士官）。

士兵：上等兵、列兵。

第二节 ★ 军兵种体制与编成

一、优化规模结构和力量编成

规模结构和力量编成改革是推进军队组织形态现代化、构建中国特色现代军事力量体系的关键一步。在强军备战的征程上，中国人民解放军正在按照调整优化结构、发展新型力量、理顺重大比例关系、压减数量规模的要求，推动军队由数量规模型向质量效能型、人力密集型向科技密集型转变。

第一，调整军队规模比例，重塑力量结构布局。裁减军队员额30万，现役总员额减至200万。扩大士官和文职人员编配范围，压减各级机关编制，减少各级机关内设机构、领导层级和人员，精简文艺体育新闻出版、服务保障和院校、医疗、仓库、科研院所等机构和人员，团级以上机关人员减少约四分之一，非战斗单位人员压减近一半。大幅压减陆军现役员额，保持空军现役员额稳定，适度增加海军、火箭军现役员额，优化各军兵种内部力量结构，优化后备力量结构。调整作战力量部署，形成与维护新时代国家安全需要相适应的战略布局。

第二，调整作战部队编成，重构新型作战力量。陆军原18个集团军整合重组为13个集团军。在全军主要作战部队实行"军—旅—营"体制，充实兵种作战力量，减少指挥层级，降低合成重心。增加特种作战、立体攻防、两栖作战、远海防卫、战略投送等新型作战力量，推动部队编成向充实、合成、多能、灵活方向发展。

第三，优化院校力量布局，重构军事科研体系。解放军和武警部队原有 77 所院校整合为 44 所，重塑国防大学、国防科技大学。成立军委军事科学研究指导委员会，调整组建新的军事科学院、军种研究院，形成以军事科学院为龙头、军兵种科研机构为骨干、院校和部队科研力量为辅助的军事科研力量布局。

二、军兵种概况

中国人民解放军现役部队由中国人民解放军陆军、中国人民解放军海军、中国人民解放军空军、中国人民解放军火箭军、中国人民解放军战略支援部队、中国人民解放军联勤保障部队组成。

（一）中国人民解放军陆军

中国人民解放军陆军是以步兵、装甲兵、炮兵为主体，主要在陆地上执行作战任务的军种，是陆上战场决定胜负的主要力量。诞生于 1927 年 8 月 1 日。2015 年 12 月 31 日，陆军领导机关正式成立。

中国人民解放军陆军由步兵、装甲兵、炮兵、防空兵、陆军航空兵、工程兵、防化兵、通信兵等兵种及电子对抗、侦察兵、测绘兵等专业兵组成。

中国人民解放军陆军对维护国家主权、安全、发展利益具有不可替代的作用。包括机动作战部队、边海防部队、警卫警备部队等。下辖 5 个战区陆军（东部战区陆军、南部战区陆军、西部战区陆军、北部战区陆军、中部战区陆军）、新疆军区、西藏军区等。

东部战区陆军，下辖第 71 集团军、第 72 集团军、第 73 集团军。

南部战区陆军，下辖第 74 集团军、第 75 集团军。

西部战区陆军，下辖第 76 集团军、第 77 集团军。

北部战区陆军，下辖第 78 集团军、第 79 集团军、第 80 集团军。

中部战区陆军，下辖第 81 集团军、第 82 集团军、第 83 集团军。

中国人民解放军陆军正在按照机动作战、立体攻防的战略要求，加快实现区域防卫型向全域作战型转变，提高精确作战、立体作战、全域作战、多能作战、持续作战能力，努力建设强大的现代化新型陆军。

（二）中国人民解放军海军

中国人民解放军海军是中国人民解放军中以舰艇部队和海军航空兵为主体，主要任务是独立或协同陆军、空军防御敌人从海上的入侵，保卫领海主权，维护海洋权益的军种。海军是海上作战的主力，具有在水面、水中、空中作战的能力。成立于 1949 年 4 月 23 日。

中国人民解放军海军在国家安全和发展全局中具有十分重要的地位。包括潜艇部队、水面舰艇部队、航空兵、陆战队、岸防部队等。下辖东部战区海军（东海舰队）、南部战区海军（南海舰队）、北部战区海军（北海舰队）、海军陆战队等。战区海军下辖基地、潜艇支队、水面舰艇支队、航空兵旅等部队。

东部战区海军（东海舰队），下辖基地、潜艇支队、水面舰艇支队、航空兵旅等若干。

南部战区海军（南海舰队），下辖基地、潜艇支队、水面舰艇支队、航空兵旅等若干。

北部战区海军（北海舰队），下辖基地、潜艇支队、水面舰艇支队、航空兵旅等若干。

中国人民解放军海军正在按照近海防御、远海防卫的战略要求，加快推进近海防御型向远海防卫型转变，提高战略威慑与反击、海上机动作战、海上联合作战、综合防御作战和综合保障能力，努力建设强大的现代化海军。

（三）中国人民解放军空军

中国人民解放军空军是以航空兵为主体，主要执行空中作战任务的军种。成立于 1949 年 11 月 11 日。主要任务是组织国土防空，保卫国家领空和重要目标的空中安全；组织相对独立的空中进攻作战；在联合战役中，独立或协同陆军、海军和火箭军作战，抗击敌人从空中入侵，或从空中对敌实施打击。

中国人民解放军空军在国家安全和军事战略全局中具有举足轻重的地位和作用。包括航空兵、空降兵、地面防空兵、雷达兵、电子对抗部队、信息通信部队等。下辖 5 个战区空军（东部战区空军、南部战区空军、西部战区空军、北部战区空军、中部战区空军）、1 个空降兵军等。战区空军下辖基地、航空兵旅（师）、地空导弹兵旅（师）、雷达兵旅等部队。

东部战区空军，下辖基地、航空兵旅（师）、地空导弹兵旅（师）、雷达兵旅等若干。

南部战区空军，下辖基地、航空兵旅（师）、地空导弹兵旅（师）、雷达兵旅等若干。

西部战区空军，下辖基地、航空兵旅（师）、地空导弹兵旅（师）、雷达兵旅等若干。

北部战区空军，下辖基地、航空兵旅（师）、地空导弹兵旅（师）、雷达兵旅等若干。

空降兵军。

中国人民解放军空军正在按照空天一体、攻防兼备的战略要求，加快实现国土防空型向攻防兼备型转变，提高战略预警、空中打击、防空反导、信息对抗、空降作战、战略投送和综合保障能力，努力建设一支强大的现代化空军。

（四）中国人民解放军火箭军

中国人民解放军火箭军的前身是组建于 1966 年 7 月 1 日的中国人民解放军第二炮兵。2015 年 12 月 31 日，第二炮兵改名为中国人民解放军火箭军，成为人民解放军的第四个独立军种。主要担负遏制他国对中国使用核武器、遂行核反击和常规导弹精确打击任务。中国人民解放军火箭军不但拥有战略导弹部队，而且还拥有众多先进的战术常规导弹部队。战略导弹部队担负国家战略核威慑的功能，战术常规导弹部队是人民解放军信息化战争的高精度"杀手锏"武器。中国人民解放军火箭军是中国战略威慑的核心力量，是中国大国地位的战略支撑，是维护国家安全的重要基石。

中国人民解放军火箭军在维护国家主权、安全中具有至关重要的地位和作用。包括核导弹部队、常规导弹部队、保障部队等。下辖导弹基地等。

中国人民解放军火箭军正在按照核常兼备、全域慑战的战略要求，增强可信可靠的核威慑和核反击能力，加强中远程精确打击力量建设，增强战略制衡能力，努力建设一支强大的现代化火箭军。

（五）中国人民解放军战略支援部队

中国人民解放军战略支援部队是中国人民解放军于 2015 年 12 月 31 日成立的军种。战略支援部队主要是将战略性、基础性、支撑性都很强的各类保障力量进行功能整合后组建而成的。

中国人民解放军战略支援部队是维护国家安全的新型作战力量，是新质作战能力的重要增长点。包括战场环境保障、信息通信保障、信息安全防护、新技术试验等保障力量。

中国人民解放军战略支援部队正在按照体系融合、军民融合的战略要求，推进关键领域跨越式发展，推进新型作战力量加速发展、一体发展，努力建设一支强大的现代化战略支援部队。

（六）中国人民解放军联勤保障部队

中国人民解放军联勤保障部队是实施联勤保障和战略战役支援保障的主体力量，是中国特色现代军事力量体系的重要组成部分。包括仓储、卫勤、运输投送、输油管线、工程建设管理、储备资产管理、采购等力量。下辖无锡、桂林、西宁、沈阳、郑州 5 个联勤保障中心，以及解放军总医院、解放军疾病预防控制中心等。

中国人民解放军联勤保障部队正在按照联合作战、联合训练、联合保障的要求，加快融入联合作战体系，提高一体化联合保障能力，努力建设一支强大的现代化联勤保障部队。

三、中央军委直属的重要单位

（一）中国人民解放军驻香港部队

中国人民解放军驻香港部队隶属于中央军委，由陆军、海军和空军等部队组成。

（二）中国人民解放军驻澳门部队

中国人民解放军驻澳门部队隶属于中央军委，主要由陆军部队组成，在机关编有少量的海军、空军人员。

（三）中国人民解放军军事科学院

中国人民解放军军事科学院是中央军委领导下的军事科学研究机关，是全军军事科学的研究中心，中央军委和总部从军事理论高度指导军队建设的助手。基本任务是进行军事基础理论和国防建设、军队建设重大问题的研究；为军委和总部决策提供战略性建议和咨询，提供军事学术研究方面的信息等。

2017年7月19日，习近平主席给新调整组建的军事科学院的训词是："军事科学院是全军军事科学研究的拳头力量。要适应军事科研工作新体制新要求，坚持军事理论和军事科技紧密结合，创新军事科研工作组织模式，推动开展协同创新，发展现代军事科学，努力建设世界一流军事科研机构。"

（四）中国人民解放军国防大学

中国人民解放军国防大学是中央军委领导下的最高军事学府，是一所综合性联合指挥大学。基本任务是培养高素质新型高级指挥人才、高级参谋人才、高级理论研究人才，承担部分地方高中级干部有关国防建设的培训任务，同时从事有关战略和国防现代化建设问题的研究，为军委和总部决策发挥咨询作用。

2017年7月19日，习近平主席给新调整组建的国防大学的训词是："国防大学是培养联合作战人才和高中级领导干部的重要基地。要把握高级任职教育院校建设特点和规律，推动教学科研管理创新，突出高素质联合作战指挥和参谋人才培养，加强军事理论研究，努力建设世界一流综合性联合指挥大学。"

（五）中国人民解放军国防科技大学

中国人民解放军国防科学技术大学是中央军委直属的综合性研究型高等教育院校。基本任务是：培养军队高级科学和工程技术人才与指挥人才，培训军队高级领导干部，从事先进武器装备和国防关键技术研究。

2017年7月19日，习近平主席给新调整组建的国防科技大学的训词是："国防科技大学是高素质新型军事人才培养和国防科技自主创新高地。要紧跟世界军事科技发展潮流，适应打赢信息化局部战争要求，抓好通用专业人才和联合作战保障人才培养，加强核心关键技术攻关，努力建设世界一流高等教育院校。"

第四章

★ 队列条令与队列训练

　　队列条令，对于规范人民军队的队列动作、队列队形和队列指挥，保持整齐划一和严格正规的队列生活，培养军人优良的作风和严格的组织纪律性，增强部队战斗力，具有重要作用。

　　队列训练，是按照队列条令规定的内容，对受训者进行的队列制式动作的训练。队列训练，是成为合格军人的必由之路。

第一节 队列条令

《中国人民解放军队列条令》是中国人民解放军关于队列动作、队列队形和队列指挥的法规。它是中国人民解放军队列生活的准则和队列训练的基本依据。现行条令于 2018 年 3 月 22 日经中央军委常务会议通过，2018 年 4 月 4 日由中央军委主席习近平签署命令发布，从 2018 年 5 月 1 日起施行。

一、发展历史

中国人民解放军历来重视队列训练和队列生活养成。在革命战争时期，就曾发布过《步兵操典》。1951 年，中国人民解放军在苏联红军《队列条令》的基础上，根据自身需要，结合队列生活实践，制定了第一部《队列条令（草案）》。1953 年 8 月又作了部分修改。1958 年 10 月，在进一步修改的基础上，正式发布了《中国人民解放军队列条令》。此后，随着军队建设的发展，从 1964 年 12 月至 1997 年 10 月，又先后多次修订和发布队列条令。

二、基本内容

新修订的《中国人民解放军队列条令（试行）》，由原来的 11 章 71 条，调整为 10 章 89 条，着眼进一步激励官兵士气、展示我军良好形象、激发爱国爱军热情，新增誓师、组建、凯旋、迎接烈士等 14 种仪式，规范完善各类仪式的时机、场合、程序和要求；调整细化阅兵活动的组织程序、方队队形、动作要领；调整队列生活的基准单位和武器装备操持规范，统一营门卫兵执勤动作等内容。

基本内容分为总则，队列指挥，队列队形，单个军人的队列动作，分队、部队的队列动作，分队乘坐交通工具，国旗的掌持、升降和军旗的掌持、授予与迎送，阅兵，仪式，附则。共10章89条，4个附录。主要内容包括：

（一）队列纪律

全体军人在队列生活和队列训练中必须坚决执行命令，做到令行禁止；姿态端正，军容严整，精神振作，严肃认真；按照规定的位置列队，集中精力听指挥，动作迅速、准确、协调一致；保持队列整齐，出列、入列应当报告并经允许。

（二）队列指挥

规定了队列指挥位置和队列指挥方法，提出了对队列指挥的要求。队列指挥位置应当便于指挥和通视全体。队列指挥通常用口令。行进间，动令除向左转走和齐步、正步互换及敬礼、礼毕时落在左脚，其他均落在右脚。变换指挥位置，通常用跑步（5步以内用齐步），进到预定的位置后，成立正姿势下达口令。纵队行进时，可以在行进间下达口令。队列指挥要求指挥位置正确，姿态端正、精神振作、动作准确，口令准确、清楚、洪亮，熟练掌握和运用队列指挥方法，认真清点人数、检查着装并按照规定组织验枪，严格要求，维护队列纪律。

（三）队列队形

队列的基本队形为横队、纵队、并列纵队；需要时，可以调整为其他队形。队列人员之间的间隔（两肘之间）通常约10厘米，距离（前一名脚跟至后一名脚尖）约75厘米；需要时，可以调整队列人员之间的间隔和距离。

班的基本队形，分为横队和纵队；需要时，可以成二列横队或者二路纵队。排的基本队形，分为横队和纵队。连的基本队形，分为横队、纵队和并列纵队。营的基本队形，分为横队、纵队和并列纵队。旅的基本队形，分为营横队的旅横队、营并列纵队的旅横队和旅纵队。

营横队的旅横队，由各营的营横队依次向左并列组成。营并列纵队的旅横队，由各营的营并列纵队依次向左并列组成。旅纵队，由各营的营纵队依次向后排列组成。其他分队、部队的队形，参照条令规定执行。

（四）单个军人的队列动作

规定了单个军人的队列动作：立正，跨立，稍息，停止间转法，行进，立定，步法变换，行进间转法，敬礼、礼毕和单个军人敬礼，坐下、蹲下、起立，脱帽、戴帽，宣誓，整理着装，携枪，40 火箭筒手的携筒，120 反坦克火箭筒手的持筒，冲锋枪手、81 式自动步枪手、95 式自动步枪手、03 式自动步枪手的操枪，班用机枪手、狙击步枪手的操枪，40 火箭筒手的操筒，120 反坦克火箭筒手的操筒，其他武器的操持。其中，立正是军人的基本姿势，是队列动作的基础。军人在宣誓、接受命令、进见首长和向首长报告、回答首长问话、升降国旗、迎送军旗、奏唱国歌和军歌等严肃庄重的时机和场合，均应当立正。行进的基本步法分为齐步、正步和跑步，辅助步法分为便步、踏步、移步和礼步。

（五）分队、部队的队列动作

规定了分队、部队的队列动作：集合、离散，整齐、报数，出列、入列，行进、停止，队形变换，方向变换，分队、部队敬礼，班的置（架）枪、取枪，排、连的置（架）枪、取枪，指挥员列队位置的变换，卫兵执勤动作。其他分队、部队的队列动作，按照条令的有关规定实施；队形需要调整时，按照军兵种的有关规定执行。

（六）分队乘坐交通工具

分队乘坐运输车，通常在运输车的后侧适当位置列队，每辆车指定一名车长负责组织乘车。分队乘坐客车，通常在客车右侧适当位置列队，每辆车指定一名车长负责组织乘车。为了保证车辆安全顺利行进，根据需要，在车辆必经的交叉路口和复杂路段，可以设置调整哨。

分队乘坐火车，通常在站台或者其他适当位置列队。每节车厢指定一名车厢长，由其协助乘务人员组织分队乘车。分队乘坐舰（船）艇时，通常在码头或者其他适当位置列队，按照舰（船）艇长的命令，由分队指挥员协助组织实施。

分队乘坐客机、运输机、直升机时，通常在停机坪或者指定地点列队，由分队指挥员协助机组人员组织实施登机或者下机。

（七）国旗的掌持、升降和军旗的掌持、授予与迎送

规定了掌持、升降国旗和掌持军旗的要领，授予、迎送军旗的组织实施。国旗由一名掌旗员掌持，两名护旗兵护旗，护旗兵位于掌旗员两侧。掌持国旗的姿势为扛旗。升旗时，掌旗员将旗交给护旗兵，协力将国旗套（挂）在旗杆绳上并系紧，掌旗员将国旗抛展开的同时，由护旗兵协力将旗升至旗杆顶。降旗时，由护旗兵解开旗杆绳并将旗降下，掌旗员接扛于肩。升、降国旗时，掌旗员应当面向国旗行举手礼。

军旗由部队首长指派一名掌旗员掌持，两名护旗兵护旗。护旗兵携自动步枪（冲锋枪）成挂枪姿势，位于掌旗员两侧。掌旗员通常由连、排级军官或者士官充任，护旗兵由士兵充任。掌旗员和护旗兵应当具备良好的军政素质和魁梧匀称的体形。掌持军旗的姿势分为持旗、扛旗和端旗。迎送军旗时，掌旗员、护旗兵行进、转弯、步法变换和停止的口令由掌旗员下达。授予军旗时，由上级首长授旗。将展开的军旗持入队列时，部队应当整队组织迎军旗。迎军旗时，通常成横队；特殊情况下，可以由机关和指定的分队参加，按照部队首长临时规定队形列队。将军旗持出队列时，部队应当整队组织送军旗。送军旗时，参加人员和队形与迎军旗同。院校迎送军旗，参照上述规定组织实施。

（八）阅兵

规定了阅兵的时机和权限、形式及指挥，以及旅阅兵程序，师级以上部队阅兵、海上阅兵和码头阅兵、空中阅兵的组织实施。阅兵，由党和国家领导人，中央军委主席、副主席、委员及旅（团）级以上部队军政主官或者被上述人员授权的其他领导和首长实施，通常由 1 人检阅。阅兵分为阅兵式和分列式；通常进行两项，根据需要，也可以只进行一项。阅兵分为上级首长检阅和本级首长检阅。当上级首长检阅时，由本级军事首长任阅兵指挥；当本级军政主要首

长检阅时（由1人检阅，另1名位于阅兵台或者队列中央前方适当位置面向部队），由副部队长或者参谋长任阅兵指挥。旅阅兵程序是：迎军旗，阅兵式，分列式，阅兵首长讲话，送军旗。

师级以上部队组织阅兵，应当建立相应的指挥机构，设阅兵指挥和副指挥（必要时设阅兵总指挥和副总指挥），负责阅兵的组织指挥。成建制阅兵时，由受阅部队最高首长担任指挥；同一军兵种不同建制部队参加阅兵时，由共同首长或者上级指定的首长担任指挥；多个军兵种部队联合参加阅兵时，由有关联合指挥机构的最高首长或者上级指定的首长担任指挥。阅兵指挥陪阅时，由阅兵副指挥接替其指挥。受阅部队阅兵队形根据阅兵的目的、场地条件和部队的数量、装备等情况确定。一般分为徒步方队和装备方队。结合重大作战、演训任务组织沙场阅兵时，阅兵队形按照作战编成（作战群）确定，也可以由阅兵指挥确定。其他部队和各级各类院校的阅兵，应当根据具体情况，编组受阅分队（相当于连队规模），参照条令的规定实施。

海上阅兵和码头阅兵。海上阅兵，分阅兵式和分列式。海上阅兵式，受阅舰艇按照规定的序列和队形在海上列队，阅兵首长乘坐阅兵舰艇检阅受阅舰艇。海上分列式，受阅舰艇按照规定的序列编队，依次通过阅兵舰艇，接受阅兵首长的检阅。码头阅兵，受阅舰艇按照规定的序列和队形，停泊在码头的指定位置；阅兵首长徒步或者乘车或者乘舰艇检阅受阅舰艇。受阅舰艇的队形，一般根据阅兵的目的、海域（码头）条件和舰艇种类、数量等情况确定；受阅舰艇的编队，通常按照先潜艇后水面舰艇、先作战舰艇后勤务舰艇的顺序确定。

军级以上单位可根据授权举行空中阅兵，通常与陆上阅兵结合进行。空中阅兵，受阅航空兵按照规定的序列和队形，在空中依次通过阅兵台，接受阅兵首长的检阅；受阅航空兵的队形，一般根据阅兵的目的、空域条件和飞机（直升机）种类、数量等情况确定；受阅航空兵的编队，通常按照先固定翼飞机后直升机、先作战飞机后支援保障飞机的顺序确定。

（九）仪式

仪式是队列生活的重要内容，是军队正规化的重要体现。仪式的组织，遵守下列规定：仪式的程序应当紧凑流畅，现场设置应当与仪式主题协调一致；仪式的场地应当便于部队集中，如受天气、环境等条件限制，可因地制宜；举行仪式应当在显著、恰当位置张挂仪式会标，会标用语应当规范、简洁；参加仪式人员的着装应当符合仪式主题，由举行仪式的单位依据《中国人民解放军内务条令（试行）》有关要求确定；举行仪式应当按照规定奏唱曲目，奏唱国歌、军歌、军种军歌等曲目时，全体人员起立并立正，随乐曲或者指挥高声齐唱；仪式中讲话、发言应当主题鲜明、言简意赅，通常不超过5分钟。

条令对各种各类仪式的程序，作出了明确的规定。例如，授装仪式，通常由旅（团）级单位组织，按照下列程序进行：仪式开始，奏唱军歌，宣读授装命令，授装、接装，宣读接装誓词，首长讲话，仪式结束。晋升（授予）军衔仪式，按照下列程序进行：仪式开始，奏唱国歌，宣读晋升（授予）军衔命令，颁发晋升（授予）军衔命令状，更换（佩带）军衔标志服饰，奏唱军歌，仪式结束。纪念仪式，通常按照下列程序进行：仪式开始，礼兵就位，奏唱国歌，敬献花篮，开展主题活动，行鸣枪礼，仪式结束。

三、意义和作用

队列条令对于规范人民军队的队列动作、队列队形和队列指挥，保持整齐划一和严格正规的队列生活，培养军人优良的作风和严格的组织纪律性，增强部队战斗力，具有重要作用。

第二节 队列训练的程序、方法和对指挥人员的基本要求

一、队列训练的一般程序和方法

1. 先讲解，后示范。即采取运用要领理论讲解与动作示范引导相结合的方法，由教练员边讲解，边示范。

2. 先分解，后连贯。即采取流水作业或单个动作教练等方法，先进行有步骤的分解动作训练，后进行连贯动作的完整训练。

3. 先单兵，后集体。即先进行单兵动作基础训练，后进行分解或连贯动作的（班、排、连）集体训练。

4. 先分练，后合练。即根据训练情况先进行分组分散训练，后进行统一集中合练。

5. 先班、排，后分队（连队）训练。即先进行班（排）训练，后进行分队（连队）合练。

二、对队列指挥员的要求

1. 指挥位置正确。

2. 姿态端正，精神振作，动作准确。

3. 口令准确、清楚、洪亮。

4. 熟练掌握和运用队列指挥方法。

5. 清点人数，检查着装，按照规定组织验枪。

6. 严格要求，维护队列纪律。

第三节 单个军人的队列动作

单个军人的队列动作，是部队训练、队列生活和日常生活的基础动作，是加强部队作风纪律建设，培养战斗力的必要形式。其内容主要包括：立正，跨立，稍息，停止间转法，行进，立定，步法变换，行进间转法，敬礼、礼毕和单个军人敬礼，坐下、蹲下、起立，脱帽、戴帽，宣誓，整理着装，携枪，40火箭筒手的携筒，120反坦克火箭筒手的持筒，冲锋枪手、81式自动步枪手、95式自动步枪手、03式自动步枪手的操枪，班用机枪手、狙击步枪手的操枪，40火箭筒手的操筒，120反坦克火箭筒手的操筒，其他武器的操持。

一、立正

立正是军人的基本姿势，是队列动作的基础。军人在宣誓、接受命令、进见首长和向首长报告、回答首长问话、升降国旗、迎送军旗、奏唱国歌和军歌等严肃庄重的时机和场合，均应当立正。

口令：立正。

要领：两脚跟靠拢并齐，两脚尖向外分开约60度；两腿挺直；小腹微收，自然挺胸；上体正直，微向前倾；两肩要平，稍向后张；两臂下垂自然伸直，手指并拢自然微曲，拇指尖贴于食指第二节，中指贴于裤缝；头要正，颈要直，口要闭，下颌微收，两眼向前平视。参加阅兵时，下颌上仰约15度。

二、跨立

跨立即跨步站立，主要用于训练、执勤和舰艇上分区列队等场合，可以与立正互换。

口令：跨立。

要领：左脚向左跨出约一脚之长，两腿挺直，上体保持立正姿势，身体重心落于两脚之间；两手后背，左手握右手腕，拇指根部与外腰带下沿或者内腰带上沿同高；右手手指并拢自然弯曲，拇指贴于食指第二节，手心向后。携枪时不背手。

三、稍息

口令：稍息。

要领：左脚顺脚尖方向伸出约全脚的三分之二，两腿自然伸直，上体保持立正姿势，身体重心大部分落于右脚；携枪（筒）时，携带的方法不变，其余动作同徒手；稍息过久，可以自行换脚，动作应当迅速。

四、停止间转法

（一）向右（左）转

口令：向右（左）——转。半面向右（左）——转。

要领：以右（左）脚跟为轴，右（左）脚跟和左（右）脚掌前部同时用力，使身体协调一致向右（左）转90度，身体重心落在右（左）脚，左（右）脚取捷径迅速靠拢右（左）脚，成立正姿势。转动和靠脚时，两腿挺直，上体保持立正姿势。

半面向右（左）转，按照向右（左）转的要领转45度。

（二）向后转

口令：向后——转。

要领：按照向右转的要领向后转180度。

五、行进

行进的基本步法分为齐步、正步和跑步，辅助步法分为便步、踏步、移步和礼步。

（一）齐步

齐步是军人行进的常用步法。

口令：齐步——走。

要领：左脚向正前方迈出约75厘米，按照先脚跟后脚掌的顺序着地，同时身体重心前移，右脚照此法动作；上体正直，微向前倾；手指轻轻握拢，拇指贴于食指第二节；两臂前后自然摆动，向前摆臂时，肘部弯曲，小臂自然向里合，手心向内稍向下，拇指根部对正衣扣线（着海军藏青色春秋常服、冬常服时，拇指根部对正双排扣中间位置），并高于春秋常服或者冬常服最下方衣扣约5厘米（着夏常服、水兵服时，高于内腰带扣中央约5厘米；着作训服时，与外腰带扣中央同高），离身体约30厘米；向后摆臂时，手臂自然伸直，手腕前侧距裤缝线约30厘米。行进速度每分钟116~122步。

（二）正步

正步主要用于分列式和其他礼节性场合。

口令：正步——走。

要领：左脚向正前方踢出约75厘米，腿要绷直，脚尖下压，脚掌与地面平行，离地面约25厘米，适当用力使全脚掌着地，同时身体重心前移，右脚照此法动作；上体正直，微向前倾；手指轻轻握拢，拇指伸直贴于食指第二节；向前摆臂时，肘部弯曲，小臂略成水平，手心向内稍向下，手腕下沿摆到高于春秋常服或者冬常服最下方衣扣约15厘米处（着夏常服、水兵服时，高于内腰带扣中央约15厘米处；着作训服时，高于外腰带扣中央约10厘米处），离身体约10厘米；向后摆臂时左手心向右、右手心向左，手腕前侧距裤缝线约30厘米。行进速度每分钟 110~116 步。

（三）跑步

跑步主要用于快速行进。

口令：跑步——走。

要领：听到预令，两手迅速握拳（四指蜷握，拇指贴于食指第一关节和中指第二节），提到腰际，约与腰带同高，拳心向内，肘部稍向里合。听到动令，上体微向前倾，两腿微弯，同时左脚利用右脚掌的蹬力跃出约 85 厘米，前脚掌先着地，身体重心前移，右脚照此法动作；两臂前后自然摆动，向前摆臂时，大臂略垂直，肘部贴于腰际，小臂略平，稍向里合，两拳内侧各距衣扣线约 5 厘米（着海军藏青色春秋常服、冬常服时，两拳内侧各距双排扣中间位置约 5 厘米）；向后摆臂时，拳贴于腰际。行进速度每分钟 170~180 步。

（四）便步

便步用于行军、操练后恢复体力及其他场合。

口令：便步——走。

要领：用适当的步速、步幅行进，两臂自然摆动，上体保持良好姿态。

（五）踏步

踏步用于调整步伐和整齐。

停止间口令：踏步——走。

行进间口令：踏步。

要领：两脚在原地上下起落（抬起时，脚尖自然下垂，离地面约 15 厘米；落下时，前脚掌先着地），上体保持正直，两臂按照齐步或者跑步摆臂的要领摆动。

（六）移步（5 步以内）

移步用于调整队列位置。

1. 右（左）跨步

口令：右（左）跨 × 步——走。

要领：上体保持正直，每跨 1 步并脚一次，其步幅约与肩同宽，跨到指定步数停止。

2. 向前或者后退

口令：向前 × 步——走。

后退 × 步——走。

要领：向前移步时，应当按照单数步要领进行（双数步变为单数步）。向前 1 步时，用正步，不摆臂；向前 3 步、5 步时，按照齐步走的要领进行。向后退步时，从左脚开始，每退 1 步靠脚一次，不摆臂，退到指定步数停止。

（七）礼步

礼步主要用于纪念仪式中礼兵的行进。

口令：礼步——走。

要领：左脚向正前方缓慢抬起，腿要绷直，脚尖上翘，与腿约成 90 度，脚后跟离地面约 30 厘米，按照脚跟、脚掌顺序缓慢着地，步幅约 55 厘米，右脚照此法动作；上体正直，两臂下垂自然伸直、轻贴身体（抬祭奠物除外）；手指并拢自然微曲，拇指尖贴于食指第二节，中指贴于裤缝。行进速度每分钟 24～30 步。

（八）携便携式折叠写字椅行进

携折叠写字椅行进时，左手提握支脚上横杠中间部位，左臂下垂自然伸直，写字板面朝外。

六、立定

口令：立——定。

要领：齐步、正步和礼步时，听到口令，左脚再向前大半步着地，脚尖向外约 30 度，两腿挺直，右脚取捷径迅速靠拢左脚，成立正姿势。跑步时，听到口令，继续跑 2 步，然后左脚向前大半步（两拳收于腰际，停止摆动）着地，右脚取捷径靠拢左脚，同时将手放下，成立正姿势。踏步时，听到口令，左脚踏 1 步，右脚靠拢左脚，原地成立正姿势；跑步的踏步，听到口令，继续踏 2 步，再按照上述要领进行。

七、步法变换

步法变换，均从左脚开始。

齐步、正步互换，听到口令，右脚继续走 1 步，即换正步或者齐步行进。

齐步换跑步，听到预令，两手迅速握拳提到腰际，两臂前后自然摆动；听到动令，即换跑步行进。

齐步换踏步，听到口令，即换踏步。

跑步换齐步，听到口令，继续跑 2 步，然后换齐步行进。

跑步换踏步，听到口令，继续跑 2 步，然后换踏步。

踏步换齐步或者跑步，听到"前进"的口令，继续踏 2 步，再换齐步或者跑步行进。

八、行进间转法

（一）齐步、跑步向右（左）转

口令：向右（左）转——走。

要领：左（右）脚向前半步（跑步时，继续跑 2 步，再向前半步），脚尖向右（左）约 45 度，身体向右（左）转 90 度时，左（右）脚不转动，同时出右（左）脚按照原步法向新方向行进。

半面向右（左）转走，按照向右（左）转走的要领转 45 度。

（二）齐步、跑步向后转

口令：向后转——走。

要领：左脚向右脚前迈出约半步（跑步时，继续跑 2 步，再向前半步），脚尖向右约 45 度，以两脚的前脚掌为轴，向后转 180 度，出左脚按照原步法向新方向行进。

（三）转动时，保持行进时的节奏，两臂自然摆动，不得外张；两腿自然挺直，上体保持正直。

九、敬礼、礼毕和单个军人敬礼

敬礼分为举手礼、注目礼和举枪礼。

（一）敬礼

1. 举手礼

口令：敬礼。

要领：上体正直，右手取捷径迅速抬起，五指并拢自然伸直，中指微接帽檐右角前约 2 厘米处（戴卷檐帽、无檐帽或者不戴军帽时微接太阳穴，约与眉同高），手心向下，微向外张（约 20 度），手腕不得弯曲，右大臂略平，与两肩略成一线，同时注视受礼者。

2. 注目礼

要领：面向受礼者成立正姿势，同时注视受礼者，并目迎目送，右、左转头角度不超过 45 度。

3. 举枪礼

举枪礼用于阅兵式或者执行仪仗任务。

口令：向右看——敬礼。

要领：右手将枪提到胸前，枪身垂直并对正衣扣线，枪面向后，离身体约 10 厘米，枪口与眼同高，大臂轻贴右胁；同时左手接握表尺上方，小臂略平，大臂轻贴左胁；同时转头向右注视受礼者，并目迎目送，右、左转头角度不超过 45 度。

（二）礼毕

口令：礼毕。

要领：行举手礼者，将手放下；行注目礼者，将头转正；行举枪礼者，将头转正，右手将枪放下，使托前踵轻轻着地，同时左手放下，成持枪立正姿势。

（三）单个军人敬礼

要领：单个军人在距受礼者 5 ~ 7 步处，行举手礼或者注目礼。

徒手或者背枪时，停止间，应当面向受礼者立正，行举手礼，待受礼者还礼后礼毕；行进间（跑步时换齐步），转头向受礼者行举手礼，并继续行进，左臂仍自然摆动，待受礼者还礼后礼毕。

携带武器（除背枪）等不便行举手礼时，不论停止间或者行进间，均行注目礼，待受礼者还礼后礼毕。

十、坐下、蹲下、起立

（一）坐下

1. 徒手坐下

口令：坐下。

要领：左小腿在右小腿后交叉，迅速坐下（坐凳子时，听到口令，左脚向左分开约一脚之长；女军人着裙服坐凳子时，两腿自然并拢），手指自然并拢放在两膝上，上体保持正直。

2. 携便携式折叠写字椅坐下

要领：当听到"放凳子"的口令，左手将折叠写字椅提至身前交于右手，右手反握支脚上横杠，左手移握写字板和座板上沿，两手协力将支脚拉开；尔后上体右转，两手将折叠写字椅轻轻置于脚后，写字板扣手朝前，恢复立正姿势；当听到"坐下"的口令，迅速坐在折叠写字椅上。

使用折叠写字椅的靠背或者写字板时，应当按照"打开靠背"或者"打开写字板"的口令，调整折叠写字椅和坐姿；组合使用写字板时，根据需要确定组合方式和动作要领。

3. 背背囊（背包）坐下

要领：听到"放背囊（背包）"的口令，两手协力解开上、下扣环，握背带；取下背囊（背包），上体右转，右手将背囊（背包）横放在脚后，背囊（背包）正面向下，背囊口向右（背包口向左）；按照口令坐在背囊（背包）上。携枪（筒）放背囊（背包）时，先置枪（架枪、筒），后放背囊（背包）。

（二）蹲下

口令：蹲下。

要领：右脚后退半步，前脚掌着地，臀部坐在右脚跟上（膝盖不着地），两腿分开约 60 度（女军人两腿自然并拢），手指自然并拢放在两膝上，上体保持正直。蹲下过久，可以自行换脚。

（三）起立

口令：起立。

要领：全身协力迅速起立，左脚取捷径靠拢右脚（蹲下时，右脚取捷径靠拢左脚），成立正姿势或者成持枪、肩枪（筒）立正姿势。

班用机枪架枪和 40 火箭筒架筒时，起立后取枪、筒。

携背囊（背包）起立时，当听到"取背囊（背包）——起立"的口令后，按照放背囊（背包）的相反顺序进行。

携便携式折叠写字椅起立时，当听到"取凳子——起立"的口令后，按照放折叠写字椅的相反顺序进行。

十一、脱帽、戴帽

（一）脱帽

口令：脱帽。

要领：立姿脱帽时，双手捏帽檐或者帽前端两侧，将帽取下，取捷径置于左小臂，帽徽朝前，掌心向上，四指扶帽檐或者帽墙前端中央处，小臂略成水平，右手放下。

坐姿脱帽时，双手捏帽檐或者帽前端两侧，将帽取下，置于桌（台）面前沿左侧或者膝上，使帽顶向上、帽徽朝前，也可以置于桌斗内。

（二）戴帽

口令：戴帽。

要领：双手捏帽檐或者帽前端两侧，取捷径将帽迅速戴正。

（三）携枪（筒）时，用左手脱帽、戴帽。

（四）夹帽

需夹帽时（作训帽除外），双手捏帽檐或者帽前端两侧，取捷径将帽取下，左手握帽墙（女军人戴卷檐帽时，将四指并拢，置于下方帽檐与帽墙之间），小臂夹帽自然伸直，帽顶向左，帽徽朝前。

十二、宣誓

口令：宣誓。

宣誓完毕。

要领：听到"宣誓"的口令，身体保持立正姿势，右手握拳取捷径迅速抬起，拳心向前，稍向内合；拳眼约与右太阳穴同高，距离约10厘米；右大臂略平，与两肩略成一线；高声诵读誓词。

听到"宣誓完毕"的口令，将手放下。

十三、整理着装

整理着装，通常在立正的基础上进行。

口令：整理着装。

要领：两手（持自动步枪时，将枪夹于两腿间）从帽子开始，自上而下，将着装整理好（必要时，也可以相互整理）；整理完毕，自行稍息；听到"停"的口令，恢复立正姿势。

十四、携枪

（一）肩枪

成立正姿势肩冲锋枪、自动步枪时，右手在右胸前握背带，拇指由内顶住，右大臂轻贴右胁，枪身垂直，枪口向下。

（二）持枪

成立正姿势持班用机枪、狙击步枪、81式自动步枪（打开枪托）、03式自动步枪（打开枪托）时，右臂自然下垂，左手将背带挑起、拉直，由右手拇指在内压住，余指并拢在外将枪握住，同时左手放下，枪面向后，托底钣（95式班用机枪托底）全部（81式自动步枪、03式自动步枪托前踵）在右脚外侧着地，托后踵同脚尖平齐。

持枪转动时，除按照徒手动作要领外，听到预令，将枪稍提起，拇指紧贴于右胯，使枪随身体平稳转向新方向，托前踵（95式班用机枪托底）轻轻着地，成持枪立正姿势。

（三）双手持枪

成立正姿势持自动步枪时，使背带落在左肩，左手握护盖（或者护木），右手握握把，枪身在胸前约成45度，枪口朝向左下方。

（四）携枪行进

持枪时，听到行进口令的预令，将枪提起，使枪身略直，拇指贴于右胯，使枪身稳固，其余要领同徒手。

背枪、肩枪、挂枪、托枪、提枪时，听到行进口令，保持携枪姿势，其余要领同徒手。

持枪立定时，在右脚靠拢左脚后，迅速将托底钣（95式班用机枪托底）轻轻着地。其余要领同徒手。

（五）携枪坐下

口令：枪靠右肩——坐下。

要领：携枪坐下时，两腿按照徒手坐下的要领进行，尔后枪靠右肩、枪面向右，右手自然扶贴护木（或者护盖），左手手指自然并拢，放在左膝上。肩冲锋枪、81 式自动步枪、03 式自动步枪坐下时，听到预令，右手移握护木（或者护盖），使背带从肩上滑下，将枪取下。

携 95 式自动步枪坐下时，听到"右手扶枪——坐下"的口令，两腿按照徒手坐下的要领进行，同时将枪置于右小腿前侧，枪身与地面垂直，枪面向后；右手自然扶握上护盖前端，左手手指自然并拢，放在左膝上。肩枪坐下时，听到预令，右手移握下护手前端，使背带从肩上滑下，将枪取下。

十五、40 火箭筒手的携筒

（一）肩筒

成立正姿势肩筒时，右手在右胸前握背带，拇指由内顶住，右大臂轻贴右胁，筒身垂直，筒尾向下。

（二）携筒坐下

口令：筒靠右肩——坐下。

要领：携 40 火箭筒坐下时，两腿按照徒手坐下的要领进行，尔后筒靠右肩、筒面向左，右手自然扶握护板，左手手指自然并拢，放在左膝上；肩筒坐下时，听到预令，用右手腕的旋转力，迅速将筒转到右肩前，同时左手接握护板，右手移握提把，将筒取下。

（三）携筒蹲下

蹲下时，40 火箭筒的携带方法不变，左手手指自然并拢，放在左膝上。

十六、120 反坦克火箭筒手的持筒

成立正姿势持 120 反坦克火箭筒（连用，下同）时，右手自然下垂扶握筒身右侧，筒口在右脚外侧与脚尖平齐。

持 120 反坦克火箭筒转动时，除按照徒手动作要领外，听到预令，左手握

提把，右手握握把，将发射筒提起，携筒稳定至新的方向并将其放下，成立正姿势。

十七、冲锋枪手、81 式自动步枪手、95 式自动步枪手、03 式自动步枪手的操枪

（一）肩枪、挂枪互换

1. 肩枪换挂枪

口令：挂枪。

要领：左手掌心向下取捷径在右肩前握背带，右手沿背带移握护木，右臂前伸将枪口转向前；两手协力将背带从头上套过，落在左肩，使枪身在胸前约成 45 度，表尺中央部位位于衣扣线；右手移握枪颈（折叠式冲锋枪，握复进机盖后端），左手放下（阅兵等时机左手可握护木），成挂枪立正姿势。

95 式自动步枪手，左手掌心向下取捷径在右肩前握背带，右手移握上护盖前端，右臂前伸将枪口转向前；两手协力将背带从头上套过，落在左肩，使枪身的下护手销对正衣扣线，枪身在胸前约成 60 度；右手移握枪托中间部位，左手放下（阅兵等时机左手可握下护手前端），成挂枪立正姿势。

03 式自动步枪手，左手掌心向下取捷径在右肩前握背带，右手移握护盖前端，右臂前伸将枪口转向前；两手协力将背带从头上套过，落在左肩，使枪身的上机匣销对正衣扣线，枪身在胸前约成 45 度；右手移握枪颈，左手放下（阅兵等时机左手可握护盖），成挂枪立正姿势。

自动步枪，挂枪时不上刺刀。

2. 挂枪换肩枪

口令：肩枪。

要领：右手移握护木（95 式自动步枪，移握上护盖前端；03 式自动步枪，移握护盖前端），左手移握背带；两手协力将背带从头上套过，落在右肩，枪口向下，枪身垂直；右手移握背带，拇指由内顶住，左手放下，成肩枪立正姿势。

（二）肩枪、背枪互换

1. 肩枪换背枪

口令：背枪。

要领：左手在右肩前握背带，右手掌心向后移握准星座（95式自动步枪，握准星座与上护盖连接部位）；两手协力将枪上提，左手将背带从头上套过，落在左肩；两手放下，成背枪立正姿势。

2. 背枪换肩枪

口令：肩枪。

要领：右手掌心向后握准星座（95式自动步枪，握准星座与上护盖连接部位）；左手在左肩前握背带；两手协力将背带从头上套过，落在右肩；右手移握背带，拇指由内顶住，左手放下，成肩枪立正姿势。

（三）挂枪、背枪互换

1. 挂枪换背枪

口令：背枪。

要领：右手握准星座（95式自动步枪，握上护盖前端），稍向上提，左手在左肩前握背带；两手协力将枪转到背后；两手放下，成背枪立正姿势。

2. 背枪换挂枪

口令：挂枪。

要领：右手掌心向前移握准星座，稍向上提，左手在右肋前握背带；两手协力将枪转到胸前；右手移握枪颈（折叠式冲锋枪，握复进机盖后端），左手放下或者握护木，成挂枪立正姿势。

95式自动步枪手，右手掌心向前移握上护盖前端，稍向上提，左手在右肋前握背带；两手协力将枪转到胸前；右手移握枪托中间部位，左手放下或者握下护手前端，成挂枪立正姿势。

03式自动步枪手，右手掌心向前移握准星座，稍向上提，左手在右肋前握背带；两手协力将枪转到胸前；右手移握枪颈，左手放下或者握护盖前端，成挂枪立正姿势。

（四）81式自动步枪、03式自动步枪（打开枪托、上刺刀）的提枪、枪放下

1. 提枪

口令：提枪。

要领：右手将枪提到右肩前，枪身垂直，距身体约10厘米，枪面向后，手约同肩高，大臂轻贴右胁，同时左手握护木（03式自动步枪，握护盖前端）；右手移握握把，右臂伸直；将枪轻贴右侧，枪身要正，并与衣扣线平行；右大臂轻贴右胁，左手迅速放下，成提枪立正姿势。

2. 枪放下

口令：枪放下。

要领：右手将枪向前稍向下推出，右臂伸直，同时左手迅速握护木（03式自动步枪，握护盖前端），右手移握准星座附近；左手放下的同时，右手将枪放下，使托前踵轻轻着地，成持枪立正姿势。

（五）81式自动步枪、03式自动步枪的提枪、端枪互换

1. 提枪换端枪

口令：端枪。

要领：行进时，听到"端枪"的口令，继续向前3步，于左脚着地时，右手将枪移至右肩前，同时左手接握护木（03式自动步枪，握护盖前端），准星与肩同高；右脚再向前1步的同时，右手移握枪颈；于左脚着地时，两手将枪导向前，枪面向上，左手掌心转向右，枪颈紧贴右胯，右臂与两肩约在同一平面，刺刀尖约与下颌同高，并在右肩的正前方。

2. 端枪换提枪

口令：提枪。

要领：听到"提枪"的口令，继续向前3步，于左脚着地时，左手收至右胸前，右手向前下方推枪；右脚再向前1步，右手移握握把；于左脚着地时，

将枪收至提枪位置，左手放下。

十八、班用机枪手、狙击步枪手的操枪

（一）托枪、枪放下

口令：托枪。

要领：右手将枪提到右肩前，枪身垂直，离身体约15厘米，枪面向右（狙击步枪，枪面向后），手心约与肩同高，大臂轻贴右胁，同时左手握护木（狙击步枪，握表尺上方）；将枪上提，左手将枪面转向前（狙击步枪，枪面转向左），同时右手拇指贴于托后踵（狙击步枪，贴于托前踵），余指并拢握托底钣，两手协力将枪送上右肩（弹匣与肩同高），左手迅速放下；枪身要正，托后踵与衣扣线齐（狙击步枪，枪面与衣扣线平行）；右大臂轻贴右胁，小臂略平，成托枪立正姿势。

95式班用机枪手，右手将枪提到右肩前，枪身垂直，离身体约15厘米，枪面向右，准星座约与肩同高，小臂紧贴枪身，同时左手握下护手前端，将枪上提；右手移握托底，两手协力将枪面转向前，同时将枪送上右肩，使脚架下端置于右肩，左手迅速放下；枪身要正，枪身侧面与衣扣线平行；右大臂轻贴右胁，小臂略平，成托枪立正姿势。

口令：枪放下。

要领：右手下压枪托，臂伸直，使枪离肩，同时左手接握护木（狙击步枪，接握表尺上方），枪身垂直，枪面向前（狙击步枪，枪面向左）；左手将枪面转向右（狙击步枪，将枪面转向后），同时右手握调节器附近（狙击步枪，移握上背带环下方）；左手放下的同时，右手将枪放下，使托底钣轻轻着地，成持枪立正姿势。

95式班用机枪手，右手下压枪托，臂伸直，使枪离肩，同时左手接握上护盖前端，枪身垂直，枪面向前；两手协力将枪面转向右，尔后右手移握脚架连接座与枪口之间；左手放下的同时，右手将枪放下，使托底轻轻着地，成持

枪立正姿势。

（二）肩枪、枪放下

口令：肩枪。

要领：右手将枪提到右肩前，枪身垂直，离身体约 25 厘米，枪面向右，上背带环与锁骨同高，大臂轻贴右胁，同时左手握护木（狙击步枪，握表尺上方），右手移握背带（拇指由内顶住）向左后拉平；用左手的推力和右手腕的旋转力迅速将枪送上右肩，右大臂轻贴右胁，枪身垂直，左手放下，成肩枪立正姿势。

95 式班用机枪手，右手将枪提到右肩前，枪身垂直，离身体约 25 厘米，枪面向右，准星座约与肩同高，小臂轻贴枪身，同时左手握下护手前端，尔后右手移握背带（拇指由内顶住）向左后拉平；用左手的推力和右手腕的旋转力迅速将枪送上右肩，右大臂轻贴右胁，枪身垂直，左手放下，成肩枪立正姿势。

口令：枪放下。

要领：用右手腕的旋转力，迅速将枪转到右肩前，离身体约 25 厘米，同时左手握护木（狙击步枪，接握表尺上方），枪面稍向右后；右手握调节器附近（狙击步枪，移握上背带环下方），枪身垂直，左手放下的同时，右手将枪放下，使托底钣轻轻着地，成持枪立正姿势。

95 式班用机枪手，用右手腕的旋转力，迅速将枪转到右肩前，离身体约 25 厘米，同时左手握下护手前端，枪面向右；右手握脚架连接座与枪口之间，枪身垂直，左手放下的同时，右手将枪放下，使托底轻轻着地，成持枪立正姿势。

（三）背枪、枪放下

口令：背枪。

要领：右手将枪提到右胸前（95 式班用机枪，同时左手握下护手前端），左手将背带向左拉平；两手将枪挂在颈上，右手移握下背带环（95 式班用机枪，移握托底）；两手协力将枪转到背后，同时右臂由枪和背带之间伸出，两手放下，成背枪立正姿势。

口令：枪放下。

要领：右手握下背带环，左手在左胸前握背带，两手协力将枪转到身体前方，同时右臂由枪和背带之间脱出，右手移握上背带环下方（95式班用机枪，移握脚架连接座与枪口之间）；两手将枪从颈上取下，左手放下的同时，右手将枪放下，使托底钣（95式班用机枪托底）轻轻着地，成持枪立正姿势。

十九、40 火箭筒手的操筒

（一）肩筒换托筒

口令：托筒。

要领：用右手腕的旋转力将筒转到右肩前，同时左手接握护板，将筒上提，筒身垂直；右手打开肩托，五指并拢移握筒尾，两手协力将筒送上右肩，使肩托卡于肩上，右大臂轻贴右胁，小臂略平，筒身要正，握把向下，左手放下，成托筒立正姿势。

（二）托筒换肩筒

口令：肩筒。

要领：右手下压筒尾，臂伸直，使筒离肩，同时左手接握护板，筒身垂直；右手折回肩托，移握背带，拇指由内顶住，将背带向左后拉平；用左手的推力和右手腕的旋转力迅速将筒送上右肩，右大臂轻贴右胁，筒身垂直，左手放下，成肩筒立正姿势。

二十、120 反坦克火箭筒手的操筒

（一）持筒换扛筒

口令：扛筒。

要领：左手握提把中部，右脚后撤一大步，右手握握把，两腿微屈，上体倾斜，两手协力将筒身抵于右肩并扛起，右脚收回，左手放下，成立正姿势，此时，右大臂轻贴右胁，筒身略平。

（二）扛筒换持筒

口令：持筒。

要领：左手握提把中部，右脚后撤一大步，两腿微屈，上体倾斜，两手协力将筒身置于身体右侧，右脚收回，筒口在右脚外侧与脚尖取齐，右手自然下垂扶握筒身右侧，拇指根部贴于筒尾背带环处，成立正姿势。

二十一、其他武器的操持

其他武器操持的动作要领，按照有关规定执行。

第五章 轻武器射击

凡重量较轻、能由单兵或班组操作的战斗武器都属于轻武器。学生军训过程中的轻武器射击，主要使用的是81式自动步枪。

射击，是武器操作人员使用发射装置，经过瞄准将射弹射向目标的行动，包括射击准备和射击实施。射击训练，包括射击理论、射击方法和射击实施等内容。

第一节 ★ 81式自动步枪

一、战斗性能

81式自动步枪是中国1981年自行设计、研制的自动武器，与81-1式自动步枪、81式班用轻机枪组成班用枪族。活动机件及弹匣等可以互换，并能发射枪榴弹，使射手具有全面杀伤和反装甲的能力，是近战中消灭敌人有生力量的自动武器：单发射击时，可有效杀伤400米内有生目标，集中火力可射击500米内敌人的飞机、伞兵及集团目标，弹头在1500米处仍有杀伤力。使用56式普通弹，在100米距离上能射穿6毫米厚的钢板、15厘米厚的砖墙、30厘米厚的土层或40厘米厚的木板。

二、主要诸元

有效射程为400米，表尺射程500米，口径为7.62毫米，全重3.4千克，全长955毫米，初速为720米/秒。

三、主要机件名称和用途

81式自动步枪由刺刀（匕首）、枪管、瞄准具、调节塞、活塞、机匣、枪机、复进机、击发机、弹匣、枪托等11个部件组成。

（一）刺刀（匕首）

用以刺杀敌人。可卸式刺刀平时放入刀鞘内挂于腰带上，只有在需要拼刺前才装在枪上。刺刀可兼作匕首及其他用途。

(二）枪管

用以赋予弹头的飞行方向。枪管内是枪膛，枪膛分为弹膛和线膛：弹膛用以容纳子弹；线膛能使弹头在前进时旋转运动，以保持飞行稳定性。线膛有四条右旋膛线（阴膛线），两条膛线间的凸起部分叫阳膛线，两条相对的阳膛线间的距离是口径。枪管的外部有导气箍，用以引导火药气体冲击活塞。还有枪刺座、通条头槽。枪管前端有固定式枪弹发射具。发射具全长 125 毫米，外径 22 毫米，前端突出枪管前切面 19 毫米，突出部分内径为 13 毫米。此装置能起到一定消焰作用。

（三）瞄准具

由表尺和准星组成，用以瞄准。表尺采用多面轴表尺结构，它由表尺座、表尺板、表尺轮和限制轮等零件组成。表尺板装在表尺座的槽内，以减小表尺板的横向摆动，并保护其不受碰撞。缺口上方有护翼，可以避免表尺磨白而影响瞄准。表尺分划是通过转动多面轴表尺轮来进行装定的，其表尺分划有 0、1、2、3、4、5，相应地刻在表尺轮和限制轮上，用以装定相应的射击距离。准星可调高调低，准星座可左右移动。准星移动座和准星座上各有一条刻线，用以检查准星位置是否正确。准星座上还有准星护圈。

（四）调节塞

用以调整冲击活塞的火药气体的大小及容纳的塞头。调节塞的圆柱部分装入导气罐内，并由定位卡榫与导气箍后端的缺口槽定位。调节塞后部的圆筒部分作为活塞筒之用，调节塞在枪管导气孔相应的部位有大小气孔，用以调节进入气室的气体流量。调节塞可调整三个位置，1 位置为小孔，2 位置为大孔，0 位置为闭气。平时定在 1 的位置。当武器过脏来不及擦拭或在严寒条件下射击时定在 2 的位置，发射枪榴弹时，调节塞必须定在 0 的位置，以防损坏活动机件。

（五）活塞

用以传导火药气体压力，推枪机向后。活塞外有活塞簧、活塞筒和上护木。

（六）机匣

用以容纳枪机和复进机、固定击发机和弹匣。机匣内有：闭锁卡槽，用以保证枪机闭锁枪膛；凹槽，用以容纳复进机导管座；拨弹凸榫，用以拨出弹壳（子弹）。机匣外有机匣盖，用以保护机匣内部免沾污垢。还有握把、扳机护圈和弹匣卡榫。

（七）枪机

由机栓和机体组成。用以送弹、闭锁、击发和退壳，并能使击锤向后成待发状态。机体上有：击针，用以撞击子弹底火；抓弹钩，用以从膛内抓出弹壳（子弹）。机体上还有导榫，用以与导槽相配合引导机体旋转。闭锁凸榫，用以使枪机闭锁枪膛。弹底巢，用以容纳子弹底缘。

（八）复进机

由导管、导杆、导管座、复进簧和支撑环组成。用以使枪机回到前方位置，导管座上有机匣盖卡榫。

（九）击发机

用以与枪机相互作用形成待发和击发。击发机上有：击发控制机，能在枪机闭锁枪膛前防止击发；保险机，用以保险和控制单、连发射（1、2、0分别是单发射、连发射、保险）。击发机上还有击发阻铁、单发阻铁、击锤和扳机。

（十）弹匣

弹匣用以容纳和托送子弹，可装30发子弹。弹匣由弹匣体、托弹钣、托弹钣簧、固定钣、弹匣盖组成。弹匣体上有：凹槽和挂耳，用以将弹匣固定在枪上；检查孔，当看到子弹时，则已装满子弹。

（十一）枪托

便于操作。枪托上有枪颈、托底钣和附品筒巢。

（十二）附品

用以分解结合、擦拭上油、携带和排除故障。附品包括擦拭杆、鬃刷、扳子、通条、通条头、油壶、背带和弹匣袋。

四、自动原理

扣扳机后,击锤打击击针,撞击子弹底火,点燃发射药,产生火药气体,推送弹头沿膛线向前运动;弹头一经过导气孔,部分火药气体涌入导气箍,冲击活塞,推动枪机向后,压缩复进簧,完成开锁、抛壳,并使击锤向后成待发状态;枪机退到最后方时,由于复进簧的伸张力,使枪机向前运动,推送下一发子弹入膛,闭锁。此时,如保险机定在连发位置,扳机未松开,击发阻铁不能卡住击锤,故击锤再次打击击针,形成连发。如保险机定在单发位置时,击锤被单发阻铁卡住不能向前,若再次发射,必须松开扳机,再扣扳机。

第二节 射击训练

一、简易射击学原理

(一)发射与后坐

1. 发射

火药气体压力将弹头从膛内推送出去的现象叫发射。发射过程是：击针撞击子弹底火，使起爆药发火，火焰通过导火孔引燃发射药，产生大量火药气体，在膛内形成很大的压力，迫使弹头脱离弹壳，沿膛线加速前进，直至推出枪口。

2. 后坐及发射差角

发射时，武器向后运动的现象叫后坐。后坐对单发(连发首发)射击命中影响极小。对连发射击命中有一定的影响；但只要据枪要领正确，适应连发武器射击时的后坐规律，就能减小后坐对连发命中的影响，提高射击精度。

发射前和发射瞬间火身轴线的延长线之间所形成的角，称为发射差角。后坐力和后坐的反作用力、枪身的颤动是形成反射差角的主要原因。每支枪的发射差角对射击的影响，在矫正射效时已经用修正准星的方法消除了，因此在发射差角没有变化的情况下，对射击没有什么影响。

以下三种原因容易造成发射差角发生变化。一是枪托抵肩不一致；二是枪的重心在依托上的位置过前或过后；三是武器的结合、擦拭、保管不当。为了减小发射差角的变化，射手应做到武器要认真爱护保管，经常擦拭和检查，枪托抵肩的位置应正确一致。利用依托时，枪放在依托上的位置应尽量保持一致，按正确要领实施射击。

（二）选定表尺分划和瞄准点

1. 瞄准具的选用

由于地心引力和空气阻力的作用，如果用枪管瞄向目标射出，射弹就会打低打近。为了命中目标，必须将枪口抬高，使火身轴线与瞄准线之间形成一定的角度即瞄准角。瞄准角的大小，是根据射弹在不同距离上的降落量来确定的。距离越远，降落量越大，所需的瞄准角也就越大；距离越近，降落量越小，所需的瞄准角也就越小。瞄准具就是根据上述原理设计的。由于缺口上沿到火身轴线的高度大于准星尖到火身轴线的高度，射击时是通过缺口上沿中央和准星尖的平正关系来对目标进行瞄准的，因此，就抬高了枪口，使火身轴线与瞄准线之间形成了一定的瞄准角。表尺位置高，瞄准角就大，相应射击距离就远；表尺位置低，瞄准角就小，相应的射击距离就近。各种枪的表尺板上都刻有不同的表尺（距离）分划，装定表尺（距离）分划，就是改变表尺的高低位置，实际上也就是装定瞄准角。

由此可见，瞄准具的作用，就是对一定距离上的目标射击时赋予武器相应的瞄准角和射向。射击时，只要按照目标的距离装定相应的表尺分划瞄准射击，就能命中目标。因此，正确选定表尺分划，对准确命中目标有着决定性的意义。

2. 选定表尺分划和瞄准点

为了使射弹准确地命中目标，射击时射手应根据目标的距离、大小和武器的弹道高低，正确地选定表尺分划和瞄准点。定实距离表尺分划，瞄目标中央；定大于或小于实距离表尺分划，适当降低或提高瞄准点。

二、射击动作

（一）验枪

动作要领：听到"验枪"口令后，以右脚掌为轴，身体半面向右转，左脚顺势向前迈出一步（两脚分开约与肩同宽），同时右手放开背带，移握握把，将枪向前送出，左手接握下护盖，枪口约与肩同高，枪托夹于右胁与右大臂之间，左手打开保险，卸下弹匣，弹匣口向上，挂耳向后交给右手握于握把左侧，食指拉开机柄，当指挥员检查时，枪机向后；验过后，自行送回枪机，装上弹匣，扣扳机，关保险，左手移握护盖。听到"验枪完毕"口令后，左手反握上护盖，右手移握枪托，两手协力将枪倒置于胸前，右手拇指挑起背带，身体半面向左转，在右脚靠拢左脚的同时，两手协力将枪送上右肩，恢复肩枪姿势。

（二）射击准备

1. 向弹匣内装填子弹

口令：装填弹匣——起立。

动作要领：听到"装填弹匣"口令后，右手移握握把，使枪口向前，背带从肩上脱下，同时左脚向前迈出一步，右膝向右跪下，臀部坐右脚跟上，右手将枪置于左腿内侧，枪面向里靠于左肩。右手从弹匣袋内取出空弹匣或从枪上卸下空弹匣，使弹匣口向上，挂耳向前交给左手；右手将子弹放在弹匣口上，两手协力将子弹压入弹匣内，装好后，将弹匣口向下，挂耳向左装入弹匣袋内并扣好。右手握提把，左手放于护盖，将枪倒置于胸前，右手拇指挑起背带，在右脚靠拢左脚的同时，两手协力将枪送上右肩，恢复肩枪姿势。

2. 卧姿装退子弹及定复表尺

口令：卧姿——装子弹，退子弹——起立。

动作要领：听到"卧姿——装子弹"口令后，右手移握提把，使枪口向前，左脚向右脚前迈出一大步（也可以右脚顺脚尖方向迈出一大步），左手在左（右）脚前撑地，身体顺势卧倒，以身体左侧、左肘支持全身，右手将枪口向目标方向送出，左手接握下护盖，枪面稍向右，弹匣着地；然后，枪面稍向左，右手卸下空弹匣，弹匣口向后，挂耳向下，交给右手握于护盖右侧，解开弹匣袋扣，换上实弹匣，将空弹匣装入弹匣袋内并扣好，右手掌心向上，虎口向前，食指引开保险，拉枪机向后送子弹上膛，关上保险，然后右手移握握把，全身伏地，两脚分开约与肩同宽，身体右侧与枪身略成一线，目视前方，准备射击。

听到"退子弹——起立"口令后，稍向左侧身，右手卸下实弹匣交给左手，打开保险，慢拉枪机向后退出膛内的子弹，将子弹压入实弹匣内，解开弹匣袋扣，换上空弹匣，将实弹匣装入弹匣袋内并扣好，扣扳机，关保险，使机面向右，右手移握提把，将枪收回，同时左小臂向里合，左腿屈于右腿下，以右手和两脚撑起身体，右脚向前一大步，左脚再向前一步，左手反握上护盖，将枪倒置于胸前，右手挑起背带，在右脚靠拢左脚的同时，两手协力将枪送上右肩，恢复肩枪姿势。

（三）据枪、瞄准、击发

1. 据枪

将下护盖前端放在依托物上，左手握下护盖或小握把（也可掌心向后，虎口向上托握枪托），左肘着地外撑；右手虎口向前紧握握把，食指第一节靠在扳机上，右肘里合向外撑，两肘保持稳固，胸部挺起，身体稍前倾（右肘不离地），上体自然下塌，两手用力保持不变，使枪托确实抵于肩窝，头稍前倾，自然贴腮。

2. 瞄准

首先要使瞄准线自然指向目标。若未指向目标，不可迁就而强扭枪身，必须调整姿势。需要修正方向时，可左右移动身体或两肘；需修正高低时，可前后移动身体或两肘里合、外张，也可调整依托物的高低。

3. 击发

右手食指第一节均匀正直地向后扣压扳机，余指力量不变。当瞄准线接近瞄准点时，开始预压扳机并减缓呼吸；继续增加对扳机的压力，直至击发，击发瞬间应保持正确一致的瞄准。当瞄准线偏离瞄准点较远或不能继续停止呼吸时，应停止扣压扳机，待修正或换气后，再继续扣压扳机。

第六章 ★ 手榴弹的构造与投掷

手榴弹，是用手投掷或以手持发射器发射的小型弹药，是各兵种通用的作战与自卫两用武器装备。

按用途，手榴弹可分为主用手榴弹、特种手榴弹和辅助手榴弹。主用手榴弹又可分为进攻型手榴弹、防御型手榴弹、攻防两用型手榴弹和破甲型手榴弹。使用最多的是主用手榴弹。

手榴弹的投掷练习方法，主要有四种：引弹练习、蹬地送胯转体练习、挥臂扣腕练习、综合练习。

第一节 ★ 手榴弹的种类与构造

手榴弹，是用手投掷或以手持发射器发射的小型弹药，是各兵种通用的作战与自卫两用武器装备。俗称"手雷"。它既能杀伤有生目标，又能破坏坦克和装甲车辆。手榴弹由于体积小、质量小，携带、使用方便，曾在历次战争中发挥过重要作用。

手榴弹具有结构简单、造价低廉、使用方便等优点，配备步兵，用于杀伤有生目标、破坏简易土木工事或完成其他作战任务。一般由弹体和引信（或发火件）两部分组成。弹体形状通常为圆柱形、卵形和桶形等。

一、手榴弹种类

按用途，手榴弹可分为主用手榴弹、特种手榴弹和辅助手榴弹。主用手榴弹又可分为进攻型手榴弹、防御型手榴弹、攻防两用型手榴弹和破甲型手榴弹；特种手榴弹可分为发烟手榴弹、照明手榴弹、干扰手榴弹和防暴手榴弹等；辅助手榴弹有教练手榴弹、演习训练手榴弹和演习手榴弹等。使用最多的是主用手榴弹。

1. 进攻型手榴弹。又称爆破手榴弹。壳体用薄铁皮、塑料、硬纸板或胶木等材料制成。爆炸时产生较大爆轰波和少量破片，震慑和杀伤敌人。安全距离一般小于15米，使用者投掷后可以继续前进，而不会伤及自己，适于进攻作战。

2. 防御型手榴弹。又称破片手榴弹。主要依靠破片的动能杀伤有生目标，杀伤半径5～15米，安全距离在20～30米。单个破片重0.1～0.4克，有效破片数一般为100～4000片，有的多达 6000 片，破片初速一般为 1500～1800 米/秒。

3. 攻防两用型手榴弹。有的进攻手榴弹外可加装破片套，作为防御手榴弹使用；有的采用高速小破片，投掷后不影响冲锋动作，适用于进攻战斗。

4. 破甲型手榴弹。采用聚能装药和触发引信，重量较大，全弹重一般在 0.5～1 千克，投掷距离在 15～25 米，穿透装甲钢板的厚度一般在 70～200 毫米。

二、几种手榴弹介绍

（一）1967 式手榴弹

1967 式手榴弹是 20 世纪 60 年代中期研制的，1967 年完成设计定型。是在 1963 式木柄手榴弹基础上改进而成的，主要是为解决 63 式木柄手榴弹存在的使用不安全、投掷时早炸和易受潮瞎火等严重问题而研制的。1967 式木柄手榴弹主要改进了发火机构的结构和生产工艺，以及全弹的密封包装。如 1963 式手榴弹发火机构采用的是铅拉火管与雷管直接卡合的结构，容易产生蹿火造成早炸，1967 式木柄手榴弹的发火机构在拉火管和雷管之间增加了一节导火索，导火索一端与拉火管卡合，另一端与雷管卡合，结合部涂密封胶防潮隔火，发火头药剂用硫氰酸铅取代雷汞，同时严格控制生产工艺，从而较好地解决了早炸和易受潮的问题。此弹 60 年代末开始装备我军。它的主要优点是结构简单，造价低廉，便于大批量生产；缺点是全弹质量过大，体积过大，破片数量较少。1967 式木柄手榴弹采用铸铁弹体，全弹质量 600 克，弹径 48 毫米，全弹长 204 毫米，主装药为 38 克 TNT，可产生 70～110 个破片，杀伤半径 7 米，破片离炸点 80 米以外仍有杀伤威力。

（二）1973 式手榴弹

1973 式手榴弹除具有一般手榴弹的作用外，还适合攻击高处、水面，及机动目标。比 1977-1 式更小巧更轻，且威力更大。结构特点：该弹体由炸药和固定在上下壳体内的 580 颗钢珠组成。引信由保险、出手保险机构和碰炸机构组成。当拉掉保险箍投出后，保险罩和套筒在锥簧和套筒簧的作用下缓慢上升，跳销和保险簧先后跳离，引信解除保险，成待发状态。在碰击目标时完成体倾倒，释放击针，击发雷管引爆。性能：弹径42毫米，弹重190克，弹长88毫米，装药黑索金，装药量40克，破片580颗，杀伤半径大于8米，安全距离35米，使用温度 –45℃至+50℃，引信机械着发。

（三）1977–1 式手榴弹

1977式木柄手榴弹系列由1977–1、1977–2、1977–4和1977–5式等4个弹种组成，都在1977年完成设计定型，除1977–1式手榴弹进行批量生产、装备部队外，其余几个弹种定型后便转入技术储备。该弹的基本结构，与1967式木柄手榴弹基本相同；不同的是1977–1式采用A3钢板预制刻槽弹体，弹体内压装70克TNT炸药，爆炸时可产生有效破片300余片，单个破片质量约0.4克，破片初速1000米/秒以上，因而弹的杀伤概率和金属利用率得到大幅度提高。此外，由于单个破片质量减轻，手榴弹的安全半径只有37米。该弹的全弹质量为360克，弹径48毫米，全弹长约172毫米，杀伤半径大于7米。1977–1式木柄手榴弹的主要特点是体积小、质量轻，与1967式木柄手榴弹比较，质量减小了40%，体积缩小了18%。性能：弹颈径48毫米，弹重355～385克，弹长171～173毫米，装药TNT，装药量70克，杀伤破片大于300片，有效杀伤半径大于7米，使用温度 –40℃至+45℃，延期时间2.8～4秒。

（四）1979 式火箭手榴弹

1979式火箭手榴弹为当时世界上最小的火箭手榴弹，由中国北方工业公司研制生产，是一种用火箭推进的杀伤手榴弹。它由火箭弹、发射具和瞄准具等部分组成。平时三者套为一体，发射时将瞄准具从发射具上拧下，装成发射瞄具，射手手握发射具，通过瞄具上的准星缺口瞄准目标。击发后，火箭发动机将弹送到目标区，发射具一次性使用。该弹弹径为45毫米，弹重0.65千克，射程400米，破片320余个，杀伤半径大于8米。如遇到近距离的敌人，或希望无声无痕攻击，或杀伤隐蔽物后的目标，火箭即无用武之地。此时只要拧下该弹的前风帽，拉出火绳，像普通手榴弹一样手投。1979式火箭手榴弹结构简单，体积小，质量轻，使用时不依赖其他器材和装备，操作方便，立、跪、卧各种姿势均可发射。1979式火箭手榴弹发射时无后坐力，声响小，发射痕迹小，非常适合于在城市狭窄空间和山地、丛林等地域使用，可对付暴露及隐蔽之敌，同时，也解决了手榴弹很难从低处往高处投掷的问题。根据需要，1979式火箭手榴弹还可制成反坦克弹、发烟弹、催泪弹等，以对付特殊目标。

（五）1982式手榴弹

由1982-1、1982-2、1982-3和1982-2式全塑无柄钢珠手榴弹4个型号组成，前3个弹种都是在1982年完成设计定型的。

1982-2式全塑无柄钢珠手榴弹是1986年设计定型的，因而又称为1986式手榴弹，除两种1982-2式手榴弹进行了批量生产外，其余几个弹种也是定型后便转入了技术储备。1982-2式手榴弹研制目的是用来取代1977-1式木柄手榴弹。该弹由弹体和引信两大部件组成。弹体是用内部刻槽的A3钢板冲压成球形壳体，装62克TNT炸药，爆炸时，壳体能产生单个破片质量在0.3克以上的破片330余片，使手榴弹的杀伤半径大于6米，临界安全半径小于30米。引信为翻板击针式针刺发火延期时间引信，由引信体、点火机构、起爆装置和保险机构4部分组成，这种结构与国外流行的翻板击针机构基本相同。平时用保险销将引信固定在保险状态，并使击发扭簧处于储能状态，使用时拔除保险销，翻板击针在扭簧的驱动下击发火帽，这样大幅度提高了手榴弹的安全性和可靠性。1982-2式手榴弹全弹质量260克，弹径48毫米，全弹长约85毫米，杀伤半径大于6米，平均投掷距离约40米。该弹的主要特点是：结构简单、经济性好、体积小、质量轻，与1967式木柄手榴弹比较，体积缩小58%，质量减少57%；安全性和可靠性高。

第二节 手榴弹的投掷

一、手榴弹投掷动作

口令：准备手榴弹、投。

动作训练要领：听到"准备手榴弹"的口令后，右手取弹，两手协力拧开弹盖，捅破防潮纸，取出拉火环，将拉火环套于小指根部，右手握弹。握弹方法：四指卷握，小指弯曲于木柄末端（右手拇指压于食指或拇指与食指相接，有左手握弹的同志与右手相同），握好弹后，将弹置于右肩前，弹体约与肩同高，两眼注视前方，成准备姿势。

听到"投"的口令后，右脚后退一大步，右手将弹由体前经体侧引向后方，右臂自然伸直，弹体略比右肩低，身体左侧正对投弹方向，左小臂自然屈于腹前，左腿伸直，右腿弯曲，上体侧后仰，身体重心大部分落于右脚。完成引弹动作后，右脚迅速向后用力蹬地，伸直右腿，同时向前送胯转体，挺胸抬头，以大臂带动小臂用力挥臂，当挥臂过肩时，左脚迅速蹬地，猛收腹，扣手腕，将弹向目标方向投出。

重点难点：蹬地、送胯、转体、挥臂扣腕。

二、训练步骤和方法

（一）引弹练习

口令：引弹练习准备，一，二，停。

动作要领：听到"引弹练习准备"的口令后，右手取弹，将弹（腰带替代手榴弹）置于右肩前；听到"一"的口令后，按要领将弹引向后方；听到"二"的口令后，恢复为准备姿势；听到"停"的口令后，恢复成立正姿势。

训练方法：个人体会、模仿练习。

（二）蹬地送胯转体练习

口令：蹬地送胯转体练习准备，一，二，停。

动作要领：听到"蹬地送胯转体练习准备"的口令后，右手按要领将弹引向后方，成引弹姿势；听到"一"的口令后，右脚迅速蹬地，同时向前送胯转体，将胸部转正对向投弹中心线；听到"二"的口令后，恢复成引弹姿势，而后按"一，二，一，二"的口令反复练习；听到"停"的口令后，恢复成立正姿势。

主要解决的问题：蹬地不确实，转体不到位。

训练方法：个人体会、辅助练习（可分组进行，或单个教练）、集体训练。辅助练习的方法主要有三种：两人结对练习、结合腰带练习、结合背包练习。

（三）挥臂扣腕练习

口令：挥臂扣腕练习准备，一，二，三，停。

动作要领：听到"挥臂扣腕练习准备"的口令后，按要领将腰带置于右肩前；听到"一"的口令后，完成引弹动作；听到"二"的口令后，右脚迅速蹬地送胯转体，挺胸挥臂，右脚顺势往前滑，此时身体成反弓形；听到"三"的口令后，以大臂带动小臂，用最大的力量挥臂扣腕，将弹向上翻，当过肩膀时，左脚用力蹬地，同时收腹，猛扣手腕将弹投出，完成挥臂扣腕动作。听到"停"的口令后，恢复成立正姿势。

主要解决的问题：投掷过程中挥臂路线、小臂投弹和扣腕时机掌握不好。

训练方法：集体练习、分组辅助练习、单个教练。

（四）综合练习

先结合挥臂砖重复进行加大强度的训练，尔后检查训练效果。成绩评定：每人两枚教练弹，每投一枚报弹员报弹，以最远弹计算成绩，40米以上优秀，

35 米以上良好，30 米以上合格，30 米以下不合格，弹出手后身体任何部位过线、踩线或者出现线外弹，成绩评定为不合格。

三、常见问题和纠正方法

（一）引弹路线不正确

纠正方法：按照正确的引弹路线引弹。

（二）右脚蹬地不确实

纠正方法：右脚要向后用力蹬地，并且要迅速。

（三）转体送胯不到位

纠正方法：蹬地的同时向前送胯转体，将胸部转正对向投弹中心线。

（四）小臂投弹

纠正方法：以大臂带动小臂，用最大的力量挥臂。

（五）扣腕时机掌握不好

纠正方法：手榴弹出手瞬间再猛扣手腕。

四、注意事项

1. 投掷手接到发给的手榴弹后，除了按规程操作外，不得有多余动作，不要乱抠乱摸；

2. 弹投出后随指挥员一起下蹲隐蔽，不得看炸点；

3. 如果出现"哑弹"，要隐蔽 60 秒以上，指定专人现场销毁；

4. 出现意外情况时要冷静，听从指挥员的指挥，迅速选择安全点隐蔽或避开杀伤范围；

5. 待投人员严格按指定位置隐蔽，不得随意走动，要指定专人负责。

第七章 ★ 单兵战术动作

单兵战术训练，是指对单个士兵进行的以战斗动作、战斗方法为主要内容的训练。内容主要有掩体构筑与伪装、观察与报告、利用地形地物、敌火力下运动、冲击与抗冲击的动作、阵地内战斗等。

单兵战术运用主要包括基础动作训练和利用地形地物训练。

第一节 ★ 基础动作训练

基础动作，是指单兵在战斗中采用的基本姿势和运动方法。它是单兵进行战斗时必须具备的基本技能。熟练掌握单兵的基础动作，能够使单兵在战斗中更加充分地利用地形地物，从而达到消灭敌人、保存自己的目的。基础动作主要包括：卧倒、起立、直身前进、屈身前进、匍匐前进、跃进、滚进等。

一、卧倒

口令：卧倒。

要领：听到"卧倒"的口令后，单兵左脚向右脚尖前迈出一大步，左腿弯曲，上体前倾，两眼注视前方，左手顺左脚方向伸出，掌心向下，手指稍向右，以左右膝、左手、左肘着地，迅速向前倒下；左小臂横贴于地面上，右手腕压在左手腕上；两手握拢，手心向下，两腿伸直，两脚分开与肩同宽，脚尖向外。卧倒时，也可右脚向前迈一大步，右手撑起迅速卧倒。

携枪（筒）卧倒时，右手提枪（筒）并握背带，其余要领同徒手卧倒；卧倒后，右手将枪（筒）轻贴于身体右侧，枪（筒）面向右（班用机枪向左），枪管放在左小臂上。

二、起立

口令：起立。

要领：转身向右，两眼注视前方，屈左腿于右腿下，左小臂稍向里合，以左手、左膝、右脚的支撑力将身体支起，右脚向前迈一大步，左脚再迈一步，右脚靠拢左脚的同时成立正姿势。

携枪（筒）时，在转身向右的同时，右手提枪（筒）并握背带，然后按徒手起立时的要领实施，并成持枪（筒）或肩枪（筒）立正姿势。

三、直身前进

直身前进是在距敌较远，地形隐蔽，敌观察、射击不到时通常采用的运动方法。

口令：向……直身前进。

要领：目视前方，右手持枪（筒），大步或快步前进。班用机枪、火箭筒副射手在射手左后侧 3～5 步处跟进。

四、屈身前进

屈身前进是在遮蔽物略低于直立人体时采用的运动方法。

口令：向……屈身前进。

要领：目视前方，右手持枪（筒），上体前倾，头部不要高出遮蔽物，两腿弯曲（屈身程度视遮蔽物高低而定），大步或快步前进。

五、匍匐前进

匍匐前进是在通过敌步枪、机枪、自动枪火力封锁较短地段，或利用较低的遮蔽物前进时采用的运动方法。根据遮蔽物的高低，匍匐前进可分为低姿匍匐前进、高姿匍匐前进、低姿侧身匍匐前进和高姿侧身匍匐前进 4 种。

（1）低姿匍匐前进，主要是在遮蔽物高约 40 厘米时采用。

口令：向……低姿匍匐前进。

要领：腹部贴于地面，屈回右腿，伸出左手，用右脚内侧的蹬力和左手的扒力使身体前移；在移动的同时，屈回左腿，伸出右手，用左脚内侧的蹬力和右手的扒力使身体继续前移；不断重复以上动作，依次交替前进。

携冲锋枪（步枪）时，右手掌心向上，枪面向右，虎口卡住机柄并握住背带，枪身紧靠右臂内侧；也可右手虎口向上，握住枪的上背带铁环处，食指卡住枪管，将枪置于右小臂上。

携机枪时，通常右手握住握把推枪前进，也可由正副射手协同推、拉枪前进。

携火箭筒时，通常右手握住握把或脚架顶端，将火箭筒置于右小臂上。副射手可采用背、推、拉背具的方法前进。

（2）高姿匍匐前进，通常是在遮蔽物高约 60 厘米时采用。

口令：向……高姿匍匐前进。

要领：用两小臂和两膝支撑身体前进。携枪（筒）时，方法同低姿携枪（筒）前进的方法，有时可将枪托（筒尾）向右，两手托握枪（筒）。火箭筒副射手可背背具或以两小臂托背具的方法前进。

（3）低姿侧身匍匐前进，通常是在遮蔽物高约 60 厘米时采用。

口令：向……低姿侧身匍匐前进。

要领：身体左侧及左小臂着地，左大臂向前倾斜支撑上体，左腿弯曲，右腿收回，右脚靠近臀部着地，右手握枪（筒），用左臂的支撑力和右脚跟的蹬力使身体前移。火箭筒副射手可将背具夹于右胁或右手拉背具前进。

（4）高姿侧身匍匐前进，通常是在遮蔽物高 80～100 厘米时采用。

口令：向……高姿侧身匍匐前进。

要领：左手和左小腿外侧着地，右手提枪（筒），以左手的支撑力和右脚的蹬力使身体前移。

六、跃进

跃进，是在敌火力下迅速通过开阔地而采用的运动方法。跃进时要做到跃起快、前进快、卧倒快。跃进前，应先观察前方地形，选择好前进路线和暂停位置，而后迅速突然地前进。

口令：向……跃进。

要领：由卧姿跃起时，可先向左（右）移（滚）动，以迷惑敌人，冲锋（步）枪手应迅速收枪，同时屈左腿于右腿下，右手提枪，以左手、左膝、右脚的支撑力将身体支起，同时出右脚前进。

机枪、火箭筒手跃起时，应以双手和左脚撑起身体，右脚向前一步，同时右手握护木把迅速前进。

前进时，右手持枪（火箭筒手右手提筒或右手握握把，用右臂夹住筒身，左手扶握筒口处，防止火箭弹滑出；火箭筒副射手背背具或右肩挎一侧的背具带，并将背具夹于右胁），目视敌方，屈身快跑。

火箭筒、机枪副射手通常在射手左后侧3～5步处，与射手同时前进。跃进的距离和速度应根据敌火力和地形而定，敌火力越猛烈，地形越开阔，跃进距离应越短，速度应越快。每次跃进的距离通常为15～30米。当进到暂停位置或遭敌猛烈射击时，应迅速隐蔽或卧倒。

卧倒时，左脚向前迈出一大步，身体下塌，左膝稍里合，按左膝、左手、左肘的顺序着地卧倒；也可右脚向前迈出一大步，左手撑地迅速卧倒。

机枪、火箭筒手需要架枪（筒）卧倒时，可左手打开脚架，同时左脚向前迈出一大步，将枪（筒）对向目标，架在地上，两手在枪（筒）身左侧撑地，两脚同时后伸迅速卧倒。卧倒后，如无射击任务，则不握枪（筒），做好继续前进的准备。

七、滚进

滚进，是在卧姿时，为避开敌人观察、射击而左右移动或通过棱线时采用的运动方法。

口令：向……滚进。

要领：将枪关上保险，左手握枪表尺上方，右手握枪颈附近或两手握上护木，枪面向右，顺置于胸、腹前抱紧，两臂尽量里合，两脚腕交叉或紧紧并拢，全身用力向移动方向滚进。

运动中，也可在卧倒的同时向移动方向滚进。其要领是：左（右）脚向前迈出一大步，左手在左（右）脚前着地，身体尽量下塌，右手将枪置于小臂内，身体向右（左）侧，枪面向中，在右（左）臂、肩着地的同时，向右（左）滚进。滚进时，右（左）脚伸直，左（右）脚微屈，滚进距离长时可两腿夹紧。

第二节 ★ 利用地形地物训练

地形是指地面高低起伏的自然地理状态；地物是在地面上生长的植物或由人工建造的各种建筑物。地形地物对军队的作战行动有着重要作用。利用地形地物是每一位战士必备的战斗技能，是单兵战术的基础。

一、目的和要求

（1）目的。利用地形地物的目的在于灵活恰当运动、发扬火力、隐蔽自己，并给敌人以出其不意的打击。

灵活恰当运动，是迅速逼近敌人的先决条件；发扬火力，是消灭敌人的重要方法；隐蔽自己，是防敌火力杀伤的有效办法。

（2）要求。利用地形地物时，应做到5个"便于"：便于观察、射击，便于接近与离开，便于防敌地面和空中火力杀伤，便于上级的指挥，便于与友兵的协同。

二、具体方法要领

利用地形地物时，应根据敌情、任务和遮蔽物的高低、大小，采取适当的运动姿势，迅速隐蔽地接近敌人，占领并加以利用，并方便离开。一般按照接近、占领（利用）、离开三步进行。其要领：

一是接近。应根据任务缓急，敌火力强弱和遮蔽物的高低、大小，取适当的姿势迅速隐蔽接近。当遮蔽物高在60厘米以下时，应在距遮蔽物5~7米处卧倒，采取低姿匍匐前进的方法接近。

二是占领并利用。应做到由下而上占领、观察、出枪。情况紧急时，应直接占领，以便争取时间先敌开火。观察时，应由近而远，由左至右。发现目标适时出枪射击。出枪的方法可采取单手出枪或双手出枪。

单手出枪，是在地形地物较低时采用。其要领：右手握住枪的上护木，以虎口的压力和四指的顶力，将枪向目标方向送出去。左手接握表尺，右手移握枪颈，打开保险，准备射击。

双手出枪，是在地形地物较高时采用。其要领：左手握住枪的上护木，左肘前伸，右手握枪颈，两手协力将枪向目标方向送出。

班用机枪手，应将脚架架在利用地形地物的背敌斜面的侧翼或直接架于顶端。

火箭筒手应隐蔽观察好目标，快速装弹后将筒架于顶端或一侧射击。

占领利用时，对各种地形地物通常利用其物体右侧或顶端为依托射击，特殊情况下也可利用左侧。对不便于射击的位置可视情况加以改造或变换射击位置。

三是离开。离开时应巧妙突然。在一地不宜过久停留，而应根据情况和上级的命令，适当灵活地变换位置。变换位置时应选择有利时机，动作敏捷，用不规律的行动欺骗、迷惑敌人。

下面详细介绍如何利用常见的9种地形地物：

（1）堤坎、田埂。通常利用其背敌斜面或残缺部位。火箭筒（机枪）手通常将筒（机枪）脚架支在背敌斜面上，筒口距地面不小于20厘米；若堤坎为纵向，则通常利用弯曲部或顶端一侧，依其高度取适当姿势。堤坎高于人体时，应挖踏脚孔或阶梯，如利用堤坎对空射击时，通常利用其弯曲部并根据其高度取不同姿势。

（2）土（弹）坑、沟渠。通常利用其前沿，对纵向沟渠则利用其弯曲部。根据敌情和土坑（沟渠）的大小、深度，以跳、滚、匍匐等方法进入坑（沟渠）内，并取适当姿势。对空射击时，以坑沿作依托或背后靠坑（渠）壁进行射击。

火箭筒手应利用坑（渠）的右前沿作依托，以防射击时喷火自伤。

（3）土堆、坟包。通常利用独立土堆或坟包的右侧。如视界、射界受限或右侧有敌火力威胁时，也可利用其左侧或顶端。双土堆（坟包）可利用其鞍部。对空射击时，通常利用其后侧或顶端。

（4）树木。通常利用其右后侧。根据树干的粗细取适当姿势：树干粗（50厘米以上），可取各种姿势；树干细，通常采取卧姿。

取立姿时，应尽量将身体左侧、左臂、左膝紧靠树木，右脚稍向后蹬；对空射击时，可将左臂抬高或身体右后侧紧靠树木。取卧姿时，应将左小臂紧靠树木或以树的根部为依托，两脚自然并拢，身体尽量隐蔽在树后侧。

机枪手通常采取卧姿，根据树干粗细和地形情况，脚架可超过树干。

火箭筒手卧姿射击时，应将筒口前伸超过树干或离开树干20厘米以上，以便使火箭弹脱离筒时尾翼能张开。

（5）高苗、丛林。应尽量利用靠近敌方的边缘内侧。按其高低、稠密情况取适当的姿势。接近时，应注意观察，保持前进方向，利用空隙轻轻拨开高苗或利用风吹草动的机会占领。

（6）墙壁、墙角、门窗。墙壁，通常根据墙壁的高度取适当姿势。当墙壁矮于人体时，可利用顶端或残缺部；当墙壁高于人体时，可将脚垫高或挖射孔。机枪手利用墙壁射击时，可将脚架折回（利用土墙时不宜折回，以免活塞进土发生故障）；对空射击时，通常利用其顶端作依托或背靠墙壁，依其高度取不同姿势。

墙角，通常利用其右侧，右小臂紧靠墙角，取适当姿势。接近后应注意潜听、观察，另一侧无敌人时再利用。如另一侧有敌人，应以手榴弹、抵近射击或刺刀将其消灭。火箭筒手利用墙角射击时，筒口距墙不小于20厘米。

门，通常利用其左侧。窗，可利用其左（右）下角。

（7）石缝。通常利用其左侧。如视界、射界受限，可利用其右侧。

（8）石洞。通常利用洞口左右侧崖壁。可采取卧、跪、立等姿势。在洞内，则可利用拐弯处或突出部。

（9）山脊。通常利用横向山脊的局部低凹处或残缺处。

第八章 ★ 格斗基础与军事体育

格斗，又称搏击，意为"打斗、战斗"。军体拳是格斗的一种。了解军体拳、跑步、俯卧撑、仰卧起坐、蛇形跑等基础性体能科目的基本动作要领，掌握格斗技能，积极开展军事体育活动，可以增强身体素质，对提高战斗力有着积极的推动作用。

第一节 ★ 军体拳

军体拳是由拳打、脚踢、摔打、夺刀、夺枪等格斗动作组合而成的一种拳术。经常开展军体拳训练，对培养军人坚韧不拔、勇敢顽强的战斗作风，具有重要意义。

一、特点

1.套路长短适中，动作精练，有技击含义，节奏分明，易学易懂，既能单人打又能集体表演。

2.不需要任何器材，对场地要求不高，一块平地即可练习。

3.第一套军体拳主要是由格斗的基本功和基本动作组合而成的套路练习。它动作精练，有技击含义，实用。有一定锻炼价值，有防身自卫作用。

4.第二套军体拳主要是由摔打、夺刀、夺枪、袭击等格斗基本动作所组成的套路练习。它动作精练实用，每一动都是"一招制敌"，既能保护自己，又能锻炼身体，增强体质。

5.第三套军体拳除具有第一、第二套的特点外，还有长拳舒展大方，动作灵活迅速有力，节奏明显的特点，又有南拳步稳、势烈、动作刚劲有力的特点。动作数量等于第一、二套的总和，运动量也较大，动作难度较复杂，都有技击含义。它不但能锻炼身体，还能克敌制胜。

本章仅对第一套军体拳的基本套路进行讲解。

二、套路要领

（一）预备姿势

当听到"军体拳第一套——预备"的口令后，在立正基础上，身体稍向右转，同时右脚向右后撤一步，两脚略成"八字形"，体重大部分落于右脚，两手握拳，前后拉开，屈肘，左拳与肩同拳眼向内上，右拳置于小腹前约 10 厘米处，拳眼向上，自然挺胸，目视前方。

（二）格斗准备

动作要领：左右手握拳胸前交叉，然后右拳猛力向下至裆前，左拳抬至头部左侧，拳眼对着自己，大臂小臂呈 90 度角，头向左转，直视自己的左拳。

（三）标准动作

1. 弓步冲拳

动作要领：右拳从腰间猛力向前旋转冲出，拳心向下，同时左拳收于腰际，成左弓步。

用途：击面、胸或腹部。

2. 穿喉弹踢

动作要领：左拳变掌并向前上猛插，掌心向上，右拳收于腰间，右脚蹬直同时抬右腿，大腿略平脚尖向下绷直，猛力向前弹踢，并迅速收回。

用途：插喉，弹踢裆或小腿。

3. 马步横打

动作要领：右脚向前落地成右弓步，同时左手前伸变八字掌，右拳自然后摆；左转身成马步的同时，左手抓拉收于腰间，右拳由后向前猛力横击，臂微屈，拳与肩同高，拳心向下。

用途：击头、肋、腰部。

4. 内拨下勾

动作要领：右转身成弓步，同时右臂内拨，左臂后摆并由后向前上方猛击，拳与下颌同高，拳心向里，左脚自然向左移动。

用途：击喉、下颌、腹、裆部。

5. 交错侧踹

动作要领：右转身，右脚尖外摆，抬左腿，大腿略平，脚尖里勾，两臂在胸前交错；左脚向左侧猛踹，并迅速收回，同时两臂上下外格，右臂屈肘，拳与头同高，拳眼向后；左臂自然后摆，拳心向后，左腿踹后迅速收回。

用途：踹膝关节。

6. 外格横勾

动作要领：左脚向前落地，左转身成弓步，同时左臂上挡、外格、后摆，右拳以扭腰送胯之合力由后向前猛击，拳与眼同高，拳心向下。

用途：击头、面部。

7. 反击勾踢

动作要领：左脚尖外摆，起右脚，脚尖里勾，两手在胸前交错；右脚由后向左猛力勾踢，同时两臂猛力外格，左臂屈肘，拳与头同高，拳眼向后，左臂自然后摆，拳心向下。

用途：勾踢脚跟、脚腕部，将对方摔倒。

8. 转身别臂

动作要领：右转身，右脚尖外摆并猛力下踏；上左脚成左弓步，同时右手向前上挑，左手抓握右小臂；右后转体成右弓步的同时右拳变掌屈肘下压，两小臂略平置于腹前。

用途：别臂压肘。

9. 虚步砍肋

动作要领：收右脚成右虚步，同时两手变掌，由外稍向里猛砍，大臂夹紧，小臂略平，掌心向上，两掌约距20厘米。

用途：砍肋、腰部。

10. 弹裆顶肘

动作要领：两掌变拳收于腰间，拳心向上，左脚蹬直同时抬右脚，脚尖向下绷直，猛力向前弹踢并迅速收回；右脚落地成弓步，同时右臂置于左胸前，两手合力将右肘向前推顶，右大臂夹紧略平，拳心向下。

用途：脚踢裆、腹部，肘顶心窝、头部。

11. 反弹侧击

动作要领：右掌向前反弹，掌心向内上；左掌沿右臂下向前猛挑成立掌，同时收右拳于腰间成右虚步，右脚向前滑动，左转身成马步，同时左手抓拉变拳收于腰间，右拳向右侧冲击，拳眼向上，拳与肩同高，目视右拳。

用途：反弹面部，左手挑掌解脱，右拳击肋或腹部。

12. 弓步靠掌

动作要领：上体左移，体重大部分落于左脚，两拳变掌交叉于裆前，右脚微收成右虚步；右转身，起右脚猛力下踏的同时，起左脚自然屈膝，两掌上下反拨，收于右肋前，掌心向前，左脚向前落地成左弓步，同时两掌合力向前推出，左手在上，右手在下，掌心向前，两手腕自然靠拢，目视前方。

用途：推腰、肋，将对方摔倒。

13. 上步砸肘

动作要领：右脚向前上步成右弓步的同时，右拳后摆，左手成抓拉姿势，虎口向右；左转身成左弓步的同时，左手抓拉收于腰间，挥动右臂屈肘向左下猛砸，大臂夹紧，小臂略平，拳心向上。

用途：砸、压肘关节。

14. 仆步撩裆

动作要领：左膝深屈，右腿伸直，右拳变立掌置于左胸前，左拳抱于腰间，上体倾成左仆步；右手变勾，经右脚面向后搂手外拨后摆，转身成右弓步，同时左手变掌由后向前猛撩，掌心向上，目视前方。

用途：勾手搂腿，撩掌打裆。

15. 挡击绊腿

动作要领：左脚向前上步，左手变拳上挡护头，拳高于头，拳眼向下，身体稍下蹲的同时，右拳向前下猛力冲出，拳心向下，右腿自然跟上屈膝；左拳变掌砍切右手腕的同时，右脚前扫，右拳收于腰间，拳心向上；右腿后绊成左弓步，同时右拳变掌下按，掌心向下，虎口向里，同时左掌变拳收于腰间。

用途：击裆、腹部，推胸绊腿。

16. 击腰锁喉

动作要领：右掌变拳屈臂上挡外格，右脚向前上步，同时左拳向前猛力冲出，拳心向下；右拳变掌前插，左手抓握右手腕的同时，右掌变拳，两手合力回拉下压，右肩前顶，成右弓步，目视前下方。

用途：由后击腰锁喉。

结束姿势：左转身，右脚靠拢，成立正姿势。

三、错误纠正

（一）动作要领不正确

纠正方法：用正误对比法；先慢动作正确示范，并边做边讲，看清错在哪里，然后再慢动作领做。

（二）发力不当，动作僵硬

纠正方法：由慢到快，由不用力逐步过渡到用力。体会自然发力，体会徒手冲拳。发力要强调蹬腿扭腰的力量。

（三）动作不连贯

纠正方法：套路不连贯是单个动作不熟练所致。要熟练掌握单个动作，然后由慢到快体会动作与动作之间的衔接关系，由慢到快反复体会。

（四）不理解动作的性质和作用而出现的错误

纠正方法：根据动作的攻防含义，讲清动作的实用意义，通过两人攻防配合，解释动作方向路线，启发诱导，帮助纠正。

第二节 军事体育项目

一、跑步

跑步，是指陆生动物使用足部移动。它在运动上的定义是一种步伐，双脚不会同一时间碰到地面。它亦可以是一种有氧的运动或厌氧的运动。

军人徒手五公里标准：23分钟及格，21分钟优秀，海军陆战队20分钟为优秀。

军人跑步通常为：100米、400米、3000米、5000米徒手跑及武装越野跑等。跑步对于军人来说是家常便饭，主要是提高军人耐力、身体素质，培养吃苦耐劳、坚韧不拔的品质。那么军人跑步需要注意哪些技巧呢？

1. 跑步前要充分做好拉伸运动，包括前压腿、侧压腿、膝绕环、脚腕绕环、扩胸运动等。尽量不要喝水或少喝，避免喝水太多引起跑步过程中的腹痛。

2. 跑前调整好心理状态，作为军人，要有坚强的意志，不必过于紧张。

3. 结合轻、重装要求，穿好相应的服装，固定好器具，防止长跑过程中影响跑步状态。

4. 根据体力分配跑步速度，如果跑三公里，那么第一公里可以适当速度快一些，第二公里保持平时训练均速，第三公里视情况加速或保持第二公里的速度；如果跑五公里，那么前两公里可以适当速度快一些，第三、四公里保持平时训练均速，第五公里视情加速。

5.跑步过程中要保持好一定的呼吸节奏和步幅步频，可以两步一呼一步一吸，或者三步一呼一步一吸，同时可以结合节奏给自己默默喊号子。

6.跑步结束后不要立即停下休息或坐卧，而是适当走动，使身体血液循环渐趋正常，同时适当补充水分，防止脱水。

二、俯卧撑

俯卧撑，是常见的健身运动，也是军事体能训练中的一项基本训练。

俯卧撑主要锻炼的是肌肉群肱三头肌，同时还锻炼三角肌前束、前锯肌和喙肱肌及身体的其他部位。其主要作用是增强上肢、胸部、腰背和腹部的肌肉力量。初学者练习俯卧撑可以进行两组，每组15～20下；有一定基础的运动者则可做3组，每组20下；高水平人士可以尝试4组30～50下的俯卧撑锻炼。在部队，两分钟45个为合格，60个以上为优秀。

（一）标准动作

1.要做到俯卧撑的一个完美起始姿势，身体必须保持从肩膀到脚踝成一条直线，双臂应该放在胸部位置，两手相距略宽于肩膀。这样可以确保每个动作都能更有效锻炼肱三头肌。

2.做俯卧撑时，应该用2～3秒时间来充分下降身体，最终胸部距离地面应该是2～3厘米；然后，要马上用力撑起，回到起始位置。

3.如果做不到一个完整的俯卧撑，也可以膝盖着地。这也是当正式的俯卧撑已经无法完成，而又想继续锻炼时可以选择的方法。

（二）形式分类

1.运动姿势

按身体姿势，可分为高姿、中姿、低姿三种姿势。

（1）高姿俯卧撑

是指在做练习时，练习者的身体姿势是脚低手高，手脚不在一个水平面上。

（2）中姿俯卧撑

又称标准俯卧撑或水平俯卧撑，是指在做练习时，练习者的脚和手都在一个水平面上。

（3）低姿俯卧撑

是指在做练习时，练习者脚高手低，手脚不在一个水平面上。

2. 双手距离

按双手之间的距离，可分为超长距离、宽、中、窄四种。

（1）超长距离俯卧撑

主要锻炼胸大肌外侧和肱二头肌。当肘关节角度大于135度时主要是肱二头肌发力。

（2）宽距离俯卧撑

大约在1.5倍肩宽，主要锻炼胸大肌外侧，同时发展三角肌前束、肱三头肌。

（3）中距离俯卧撑

略大于肩宽，主要锻炼胸大肌中部（增加厚度），同时发展三角肌前束、肱三头肌。

（4）窄距离俯卧撑

小于肩宽，双手置于两乳头前，主要锻炼三角肌前束、肱三头肌，同时发展胸大肌内侧（胸沟）。

3. 准备姿势

可分为不同的手法和脚法。

手法：按手撑地的方式可分为全掌撑、拳撑和指撑三种形式。按手撑地的方向可分为向前、向内、向外三种形式。

（1）全掌式

全手掌撑地的一种方法。

（2）拳式

以握拳的形式撑地的一种方法。

（3）指式

用手指第一关节撑地的方法，可分为五指、四指、三指（这三种呈锥体形状）、二指、一指撑地共五种形式。

脚法：按脚的位置关系可分为两脚并拢式和开立式两种。按脚撑地的形式可分为脚尖式、脚背式和脚弓式三种姿势。

4. 练习形式

从练习的形式可分为以下几种：

（1）普通练习法

按教学与训练时规定的动作要求进行练习。

（2）负重练习法

在普通练习法的基础上，身体的腰背、腿等部位放置或捆绑适量的重物。

（3）击掌练习法

在快速有力地推掌后，双手在空中击一次掌。

（4）腾空练习法

可分为原地和行进两种。须在俯卧后快速有力推起，使手脚同时离地，并有一定的腾空高度和远度。

（三）练习方法

1. 呼吸方法

一般情况下可以分两种呼吸方式：一种是每次俯卧时吸气（只能用鼻），撑时就呼气（可以用鼻和口）；另一种是多次俯卧撑一次吸气，多次俯卧撑一次呼气，适合较高水平的训练者。以感觉不到呼吸难受为准，注意不同的训练可以使用不同的呼吸方式来调节身体状况。

2. 基本说明

（1）双手支撑身体，双臂垂直于地面，两腿向身体后方伸展，依靠双手和两个脚的脚尖保持平衡，保持头、脖子、后背、臀部以及双腿在一条直线上。

动作重点：全身挺直，平起平落。

（2）两个肘部向身体外侧弯曲，身体降低到基本靠近地面。收紧腹部，保持身体在一条直线上，持续一秒钟，然后恢复原状。

动作重点：全身挺直，平起平落。难点：屈肘推直。

3. 方法简介

（1）快慢结合法：练习中先快做几次，再慢做几次或变换练习。

（2）定时计数法：在一定的单位时间内计算练习的次数，可分为不停顿和可停顿两种。

（3）定数计时法：在完成一定数量的练习后，计算所用的时间。

（4）计数练习法：练习者发挥最大能量所做的次数，但要有一定的要求和规定。可分为连续法和间断法。

（5）综合练习法：采用多种姿势和方法进行变换练习，也称为游戏法。

（四）注意事项

1. 要循序渐进，由易到难，由少到多，由轻到重进行锻炼。
2. 根据自己的体质情况，选择适宜的练习方法，控制运动负荷。
3. 要做好准备和放松活动，防止受伤和肌肉僵硬。
4. 俯卧撑为重力训练，长期做俯卧撑容易对指关节（拳式）、腕关节（掌式）和肩关节造成较大的压力和冲击，引发以上部位疼痛和受损，所以平时需对这些关节多加保养。

三、仰卧起坐

仰卧起坐，是军人一种锻炼身体的方式。仰卧，两腿并拢，两手上举，利用腹肌收缩，两臂向前摆动，迅速成坐姿，上体继续前屈，两手触脚面，低头；然后还原成坐姿，如此连续进行。军人仰卧起坐的评判标准为：3分钟50个为及格，80个为优秀。

（一）正确做法

身体仰卧于地垫上，屈膝成90度左右，脚部平放在地上。平地上切勿把脚部固定（例如由同伴用手按着脚踝），否则大腿和髋部的屈肌便会加入工作，从而降低腹部肌肉的工作量。

再者，直腿的仰卧起坐会加重背部的负担，容易对背部造成损害。根据本身腹肌的力量而决定双手安放的位置，因为双手越是靠近头部，进行仰卧起坐时便会越感吃力。初学者可以把手靠于身体两侧，当适应了或体能改善后，便可以把手交叉贴于胸前。

最后，亦可以尝试把手交叉放于头后面，但双手应放在身体另一侧的肩膀上。

呼吸技巧：做仰卧起坐时应配合以合理呼吸，在做仰卧起坐时，身体前屈时应呼气，仰卧时应吸气。但是，如果机械地在仰卧时完成整个吸气过程，会不利于动作的完成。因此，为了提高动作的质量，还必须注重技巧，即向后仰卧的过程开始吸气，肩背部触垫的瞬间屏气收腹、上体逐渐抬起，当上体抬起至腹部有胀感时，快速呼气，向前引体低头完成动作。

（二）注意事项

1. 逐渐增加仰卧起坐反复次数

对于一位刚开始以仰卧起坐来训练腹部肌肉的参与者而言，每次仰卧起坐的次数以不超过 10 个反复为原则（先训练腹部肌肉的肌力），每完成一次仰卧起坐后，应站起或躺下休息，让腹部肌肉能够放松 10 分钟以上。

2. 慢慢进行仰卧起坐

主要是以腹部肌肉的耐力为训练目标，因此，只有慢慢进行仰卧起坐的运动方式，比较能够确实训练腹肌的耐力。

3. 仰卧起坐的动作

人体上腹部的肌肉，主要有腹直肌、腹外斜肌与腹内斜肌。因此，如果仰卧起坐的动作，都是以上半身在矢状面（双肩平行的起坐动作）上的动作进行时，腹外斜肌与腹内斜肌的训练效果会受到明显限制，只有增加身体纵轴（右肩带向左腿与左肩带向右腿）旋转的动作，才可以避免腹肌训练的不协调状态。

除了上半身的动作以外，为了避免仰卧起坐过程中，下腹部屈曲髋关节肌肉的负荷过大，进行仰卧起坐时应屈曲膝关节。但是，在这种仰卧屈膝的姿势下进行仰卧起坐训练后，反而会限制下腹部肌肉的训练效果。因此，对于以下腹赘肉为主要训练部位的中年男女而言，适当进行屈膝抬腿的动作，比较能够训练下腹部的肌肉，达成训练腹部（上腹部与下腹部）肌肉的目的。

四、30 米 ×2 蛇形跑

30 米 ×2 蛇形跑是一项重要的考核科目，在军事体育考核中、在体能考核中、在特战选拔中都有它的身影。

动作技巧

1. 起跑

蛇形跑的起跑与 100 米的起跑一样，都要压低身子，加速往前冲。重心压低，不要起来太快，这样才能保持更快的加速。

2. 绕杆

蛇形跑最主要的精髓就是绕杆，这里的诀窍就是腿的频率不要变，但是步子要放小，身子要尽量侧着，有一种开车时急转弯的感觉。绕过杆之后腿频率不变，迈大步子，奔向下一根杆。

3. 过尾杆

过尾杆由于是要进行将近 360 度的转弯，所以不能再像之前这么绕。最好的方法是先往前跨一步然后转身，因为这样转身之后能够保留更多的速度，也就能够更快。

4. 最后冲刺

绕完倒数第二根杆后可以直接开始直线冲刺。而这个冲刺你想要效果更好那就得在倒数第三根杆时开始准备，加快腿的频率，一绕过倒数第二根杆就开始猛摆手臂冲刺。

第九章 战伤救护

战伤救护对于及早挽救指战员生命，保证部队战斗力，进而赢得作战胜利，具有重要意义。

战伤是战斗人员在战场的特殊环境下遭受的身体损伤。战伤救护的基本原则是加强敌情观念和灭菌观念,迅速、准确、及时地抢救伤员。在救护中要先抢后救,先轻后重,先近后远。要做到不用手接触伤口,不用碘酒涂擦伤口,不随便用水冲洗伤口(化学烧伤和磷弹伤除外),不随便取出伤口内的异物,不准塞回突出的脏器,不轻易放弃和错过抢救的时机。战伤救护基本技术主要有以下五种:

一、止血

战伤出血,是导致伤员休克或死亡的重要原因,在救护过程中,必须迅速、准确地进行止血,才能有效地抢救伤员。

(1)指压止血法。根据动脉血管走行位置,在伤口的近心端,用手指将动脉压在临近的骨面上而止血;也可用无菌纱布直接压于伤口而止血。然后再更换加压包扎法,或用止血带进行止血。

(2)止血带止血法。先在出血处的近心端用纱布垫或衣服、毛巾等物垫好,然后再扎橡皮止血带。用左手(或右手)拇、食、中指夹持止血带头端,将尾端绕肢体一圈后压住止血带头端和手指;再绕肢体一圈,用左手食、中指夹住尾端,抽出手指系成一活结。

(3)无制式止血带,可用三角巾、绷带、手帕等就便材料,折叠成带状,缠绕在伤口近心端(仍需加垫),并在动脉走行的背侧打结;然后用小木棒、笔杆、枪通条等插入绞紧,直至不再出血为止。其步骤是:一提,二绞,三固定。

二、通气

呼吸道一旦发生阻塞，伤员在数分钟内就会窒息、缺氧而死亡，必须分秒必争地除去各种阻塞因素，使气道通畅。常见的通气术有：

（1）手指掏出术。适用于口腔内气道阻塞，多为面颌部伤。急救者用手指伸入口腔内将碎骨片、碎组织片、血凝块、泥土、分泌物等掏出。

（2）托下颌角术。适用于颅脑损伤或火器伤后舌根后坠、深度昏迷而窒息者。急救时将伤员取仰卧位，急救者用双手托起伤员两侧下颌角，即可解除呼吸道阻塞。呼吸通畅后改俯卧位。

三、包扎

包扎有止血、保护伤口、防止感染、扶托伤肢，以及固定敷料、夹板等作用。

（1）头面部包扎法。将三角巾底边折叠约2指宽，放于前额眉上。顶角拉至枕后，左右两底角沿两耳上方往后，拉至枕外隆凸下方交叉，并压紧顶角；然后再绕至前额打结。顶角拉紧，并向上反折，将角塞进两底角交叉处。

（2）胸（背）部包扎法。胸（背）部一般包扎法：三角巾底边横放在胸部，顶角从伤侧越过肩上折向背部；三角巾的中部盖在胸部的伤处，两底角拉向背部打结。顶角结带也和这两底角结打在一起。

（3）腹部包扎法。将三角巾顶角朝下，底边横放于上腹部，两底角拉紧于腰部打结；顶角结一小带，经会阴拉至后面，同两底角的余头打结。

（4）四肢包扎法。将三角巾底边向上横置于腕部或踝部，手掌（足跖）向下，放于三角巾的中央，再将顶角折回盖在手背（足背）上，然后将两底角交叉压住顶角，再于腕部（踝部）缠绕一周打结。打结后，应将顶角再折回打在结内。

四、骨折的固定

（1）锁骨骨折固定法。取木板两块，制作成"T"字形，夹板加垫，用绷带缠好；然后放在伤员背部用三角巾或绷带固定。

（2）四肢骨折固定法。上肢固定时，肘关节屈曲90°，前臂用腰带或三角巾悬吊于胸前，必要时，再以绷带将上肢固定于躯干上以加强固定；下肢固定时，用一块长木板，其长度必须上至腋下，下至足跟的健肢上，亦可用枪支、木棍等或未受伤的健肢代替夹板进行固定。

五、搬运伤员

（1）匍匐背驮搬运法。救护者同向侧卧于伤员处并紧靠伤员身体，拉紧伤员上臂后再抓住伤员臀部，合力猛翻将伤员转上身，低姿匍匐向前。

（2）侧身匍匐搬运法。救护者将伤员腰部垫在大腿上，将伤员两手放于胸前，右手穿过伤员腋下抱胸，左肘撑于地面，蹬足向前。

第十章 军事地形学

军事地形学，是研究在军事上如何识别与利用地形的学科。本章主要研究地形图的基本知识、现地使用地图、军队标号与要图等内容。

第一节 地形图的基本知识

一、地形图的定义

地形图指将地面自然地理要素和社会经济要素，按一定的投影方法和比例关系，用规定的符号、颜色和注记综合绘制于图纸上的图。地形图通常采用的等角横切圆柱投影，是德国数学家高斯创立，后经克吕格改进的一种投影方法，故称高斯–克吕格投影，或简称高斯投影。

这种投影具有精度高、变形小、计算简便等特点，能满足在大比例尺地形图上进行精确测量和计算的要求，因而成为国际上常用的一种地形投影。

二、地图比例尺

地图比例尺是指地图上某线段的长度与相应实地水平距离之比。例如：某幅地图的图上长为1厘米，相应实地水平距离为5万厘米，则这幅地图是将实地缩小至五万分之一绘制的，1与5万之比就是该地图的比例尺，叫1∶50000或五万分之一。按比例尺的大小可分为大、中、小比例尺三种，大比例尺有1∶10000、1∶25000、1∶50000、1∶100000，中比例尺有1∶200000、1∶500000、1∶1000000，以下的都叫小比例尺。

中国地形图的比例尺系列为：1∶10000、1∶25000、1∶50000、1∶100000、1∶200000、1∶500000、1∶1000000

等 7 种。在图上距离的量读如下：

（1）用直尺量算。用直尺量取所求两点的图上长，然后乘以该图比例尺分母，即得实地水平距离。如在 1∶50000 地形图上测算得某两点间的长为 3.4 厘米，则实地水平距离为 3.4 厘米 ×50000 = 170000 厘米 = 1700 米。

（2）用里程表量算。在图上量取较长的弯曲距离时，使用指北针上的里程表较为方便，里程表由表盘、指针及滚轮三部分组成。表盘的外分划圈上有 1∶50000、1∶100000、1∶250000 等比例尺注记和公里数注记，每个数字均表示相应实地距离的公里数。

量读时，先使指针归"0"，然后手持里程表，把滚轮放在起点上，沿所量线段并使指针按顺时针方向滚至终点，则指针在相应比例尺分划圈上所指的分划数，即为所求的实地距离。

三、地物符号

地物符号的图形，在地图上是用统一规定的图形符号结合注记表示的。这些统一规定的图形符号，就叫地物符号。要识别地物符号，并了解它在军事上的意义，首先就必须了解符号的规律及其相互关系。

地物符号的图形多数是按地物的平面形状制定的。

（一）依比例尺表示的符号

实地上面积较大的地物，如居民地，森林，大的江河、湖泊等，图形是按比例尺缩绘的，在图上不仅可了解其分布和形状，还可量取相应实地长、宽和面积。

（二）半依比例尺表示的符号

实地窄长的线状地物，如道路、土堤、小的河流等，其长度是依比例尺表示的。而宽则不能依比例尺表示，在图上只能量取相应实地的长度，却不能量取其宽度和面积，其准确位置，在符号的中心线或底线上。

（三）不依比例尺表示的符号

实地上面积很小的独立亭、塔、突出树、独立房等，无法依比例尺缩绘在地图上，只能用规定的符号表示，在图上可了解实物的性质和准确位置，不能量出大小。

（四）说明和配置符号

说明符号只用来说明某些符号所不能表示的内容，如潮流和江河流向的箭头等。配置符号主要用来表示某些区域的植被和土质分布特征，如草地、露岩地和路旁树等。说明和配置符号，只表示实地某些地物的情况和分布，不表示地物、地貌的真实位置。

（五）符号的颜色

为了使地图层次分明、清晰易读，中国出版的地图是采取4种颜色套印的。

四、地貌判读

（一）等高线显示地貌

设想把一个山地模型，从底到顶按相等的高度，一层一层地水平截开，模型的表面便出现许多闭合的截口线，并将之垂直投影到一个平面上，便呈现出一圈套一圈的曲线图形。因同一条曲线上各点的高度都相等，所以这种曲线叫等高线。地形图就是根据此原理来显示地貌的。

等高线显示地貌的特点：一是在同一条等高线上的各点高度相等并各自闭合；二是在同一幅图上，等高线多，山就高，等高线少，山就低；三是图上等高线间隔大的坡度缓，间隔小的坡度大；四是图上等高线的弯曲形状和相应实地地貌的形状相似。

相邻两等高线水平截面间的垂直距离，叫等高距。等高距一般规定：比例尺1∶25000，等高距5米；比例尺1∶50000，等高距10米；比例尺1∶100000，等高距20米；比例尺1∶200000，等高距40米。

等高线按其作用不同，分为4种：首曲线用以显示地貌的基本形态；间曲线用以显示首曲线所不能显示的局部地貌；助曲线用以显示间曲线还不能显示的局部地貌；计曲线是便于在图上计算高程，从高程面算起，每逢等高距 5 倍处的首曲线描绘成粗实线。

（二）地貌识别

在地形图上，通过等高线和地貌符号，来识别地貌的各种形态。

山顶：是以等高线中最小环圈表示，有时用示坡线表示斜坡方向，绘在环圈外侧。

凹地：除小环圈形等高线表示外，还必须在小环圈内侧绘有示坡线。

山背：等高线向外凸出部分表示山背，各等高线凸出部分顶点的连线为分水线。

山谷：等高线向里凹入的部分表示山谷，各等高线凹入部分顶点的连接线为合水线。

鞍部：图上用一对表示山背和一对表示山谷的等高线显示。

山脊：由若干山顶、山背、鞍部连接形成的凸棱部分，山脊的最高棱线为山脊线。

特殊地貌：是指等高线无法显示的地貌。在地图上用特殊符号所示的地貌，如变形地、岩峰和露岩地等。

（三）高程、高差、起伏和坡度的判定

高程和高差的判定。首先根据等高距、高程点高程注记和等高线高程注记，查明目标点两侧相邻等高线的高程，然后根据目标点与该两条等高线的关系位置，按比例估计目标点的高程。如阔叶独立树的高程为 314 米，独立房的高程为 270 米。当目标点的高程判定后，目标点之间的高程相减，则得两目标点的高差，即阔叶树和独立房的高差为 44 米。

起伏的判定。判定作战区域的起伏可依等高线的疏密情况、高程注记、河流位置和流向，判明山脊、山背、山谷的分布和地形总的起伏情况。

坡度的判定。可用两脚规在坡度尺上比量。坡度尺纵线表示等高线的间隔，纵线下方的注记表示相应间隔的坡度值，坡度值下的百分比为相应高差和水平

距离之比值。

五、地理坐标

用经纬度数值表示地面某点位置的球面坐标，叫地理坐标。地理坐标通常用度、分、秒表示。

（一）地形图上的地理坐标网及注记

地形图是按经纬度分幅的，地图的南北内图廓线是纬线，东西内图廓线是经线。投影以后，除赤道和中央经线以外，其他经线都是弯曲的，但在1：25000、1：50000和1：100000地形图上近似成直线。

在1：200000、1：500000和1：1000000地形图上，绘有地理坐标网，横线是纬线，纬度数值注在东西图廓，纵线是经线，经度数值注在南北图廓。

在1：25000、1：50000和1：100000地形图上，只绘平面直角坐标网，不绘地理坐标网。经纬度数值注记在图廓的四角，东西图廓为纬度分度带，每一个分划表示纬度一分，南北图廓为经度分度带，每一个分划表示经度一分。

地理坐标指示目标和确定点位。指示目标时应按先纬度后经度的顺序进行。

（二）平面直角坐标

用平面上的长度值表示地面点位置的直角坐标，叫平面直角坐标。

（1）平面直角坐标的构成。中国地形图上的平面直角坐标网，是按高斯投影绘制的。它以6°经线为一投影带，每投影带的中央经线为纵轴（X轴），赤道为横轴（Y轴），其交点为坐标原点（口）。这样，每一个投影带便构成了一个独立的坐标系。

为便于从每幅地形图上量测任意点的坐标，以千米为单位，按相等的距离作平行于纵、横轴的若干直线，而构成平面直角坐标网，也叫方里网。纵坐标以赤道为零起算，向北为正，向南为负。因中国位于北半球，所以纵坐标均为正值。横坐标以中央经线500千米（大于赤道上的经差3°相应的实地长）计算。向东增大，向西减少。这样，中国各地的平面直角坐标纵横值均为正值。

在地图上坐标网注记。东西图廓横线上注记的纵坐标值，南北图廓纵线旁注记的横坐标值。图廓的四角注有纵横坐标的全部数值，其他一般只注记末两位数。横坐标值为三位数，三位数以前的为投影带号。为便于查找，在图廓中央处的纵横坐标线上，也设有相应的坐标数值。

（2）平面直角坐标的应用。主要用于指示和确定目标在图上的位置，也可根据方格估算距离和面积。在指示目标或确定点的位置时要按先纵坐标后横坐标的顺序进行。

用概略坐标指示目标。如用概略坐标指示 116.6 高地的位置时，可先找出该目标下方横线的纵坐标值为 67，左方纵线的横坐标值为 46，该点的概略坐标为（67，46）（一般只用后两位千米数）。当超过 100 千米范围时，应使用坐标全值，即 116.6 高地的概略坐标为（67，46），它的坐标全值为 X3267，Y18646。

需要指明目标在方格中的具体位置时，可采用井字法，即将一个方格用井字划为 9 个小格。指示目标时，在概略坐标后加注小格的编号即可。

用精确坐标指示目标。可在概略坐标的基础上使用坐标尺量读，简单而迅速。精确坐标要求精确到米数值的整数位。口述报读时的要领是：先报坐标，后报地点和目标。在书写时，先写地点，后写坐标和目标。如 116.6 高地（67，46），如"龟山"（45，00）敌机枪发射点。

六、方位角与偏角

从某点的指北方向线起，依顺时针方向到目标方向线之间的水平夹角，叫方位角。

（一）方位角的种类

（1）真方位角。某点指向北极的方向线叫真子午线，即经线。从某点的真子午线起，依顺时针方向到目标方向线的水平夹角，叫该点的真方位角。通常在精密测量中使用。

（2）磁方位角。某点指向磁北极的方向线叫磁子午线。在地形图南北图廓上的磁南、磁北两点间的连线为该图的磁子午线。从某点的磁子午线起，依顺时针方向到目标方向线的水平夹角，叫该点的磁方位角。在航空、航海、炮兵射击、军队行进时，都广泛使用。

（3）坐标方位角。从某点的坐标纵线北起，依顺时针方向到目标方向线的水平夹角，叫该点的坐标方位角。炮兵一般使用较多，它不但便于从图上量取，并可换算为磁方位角在现地使用。

（二）偏角的种类

（1）磁偏角。磁子午线与真子午线间的夹角，叫磁偏角。因地磁两极与地球两极不重合所致。磁偏角也随时间有些微变动。磁子午线在真子午线以东的为东偏，在真子午线以西的为西偏。

（2）坐标纵线偏角。坐标纵线与真子午线间的夹角，叫坐标纵线偏角，又叫子午线收敛角。坐标纵线的北端在真子午线以东的为东偏，在真子午线以西的为西偏。在同一高斯投影带内，距中央经线和赤道愈近，偏角愈小，反之，偏角愈大，但最大的偏角不超过3°。

（3）磁坐偏角。磁子午线与坐标纵线间的夹角，叫磁坐偏角。磁子午线在坐标纵线以东的为东偏，在坐标纵线以西的为西偏。计算上述3种偏角都以东偏为正，西偏为负，地形图南图廓的下方均绘有偏角图。

（三）在地形图上量读坐标方位角

在量取某点至目标点的坐标方位角时，先将该点与目标点连成直线，使其与坐标纵线相交。若两点在同一方格内，应延长连线至与坐标纵线相交。

（四）坐标方位角和磁方位角的换算

求坐标方位角。当磁方位角已知时，计算公式为：坐标方位角＝磁方位角－（±磁坐偏角）。

求磁方位角。当坐标方位角已知时，计算公式为：磁方位角＝坐标方位角－（±磁坐偏角）。计算中，当两个角度相加大于6°~0°时，应减去6°~0°，若小角度减大角度时，应加上 6°～0°，再与大角度相减。

七、地形图的分幅和编号

为了测绘、使用和保管的方便，在测绘地形图时，尽量使图幅一致，各种比例尺的地形图的分幅和编号，都有统一的规定，中国各种比例尺的地形图的分幅，是以国际百万分之一地形图为基础，按一定的经差和纬差划分的；图幅的编号，也是以国际百万分之一地形图编号为基础的。地形图的编号，用规定的数字和汉字组成，注在北图廓处正中央。

（一）1∶1000000 地形图的分幅和编号

每幅 1∶1000000 地形图所包括的实地范围为纬差 4°，经差 6°。从赤道起向两极每纬差 4° 为一列，依次以数字 1、2、3……22 表示，从经度 180° 起，自西向东每经差 6° 为一行，依次以数字 1、2、3……60 表示。其编号按"列－行"的顺序编成。北京所在 1∶1000000 地形图的编号为 10-50。

（二）1∶500000 地形图的分幅和编号

每幅 1∶500000 地形图的实地范围为纬差 2°，经差 3°。即以每幅 1∶1000000 地形图为基础，划分为 4 幅 1∶500000 地形图，分别以 A、B、C、D 表示。北京所在 1∶500000 地形图的编号为 10-50-A。

（三）1∶200000 地形图的分幅和编号

每幅 1∶200000 地形图的实地范围为纬差 40′，经差 1°。即以每幅 1∶1000000 地形图为基础，划分为 36 幅 1∶200000 地形图，分别以数字（1）、（2）、（3）……（36）表示。北京所在 1∶200000 地形图的编号为 10-50-（3）。

（四）1∶100000 地形图的分幅和编号

每幅 1∶100000 地形图的实地范围为纬差 20′，经差 30′。即以每幅 1∶1000000 地形图为基础，划分为 144 幅 1∶100000 地形图，分别以数字 1、2、3……144 表示。北京所在 1∶100000 地形图的编号为 10-50-5。

（五）1∶50000 地形图的分幅和编号

每幅 1∶50000 地形图的实地范围为纬差 10′，经差 15′。即以每幅 1∶100000 地形图为单位，划分为 4 幅 1∶50000 地形图，分别以 A、B、C、D 表示。北京所在 1∶50000 地形图的编号为 10–50–5–B。

（六）1∶25000 地形图的分幅和编号

每幅 1∶25000 地形图的实地范围为纬差 5′，经差 7′30″。即以每幅 1∶50000 地形图为单位，划分为 4 幅 1∶25000 地形图，分别以数字 1、2、3、4 表示。北京所在 1∶25000 地形图的编号为 10–50–5–B–4。

第二节 ★ 现地使用地图

一、方位判定

方位判定，就是在现地辨明东西南北方向，明确站立点与周围地形的关系位置。其方法主要有：利用指北针、太阳和时数、星星、地物特征判定等。掌握这些方法是正确利用地形，保证顺利完成作战任务的前提条件。

（一）利用指北针判定

当指北针的磁针静止后，其 N 端（通常都有标志）所指的方向即为北方。除了测出正北方向外，罗盘或指北针还可以测出某一目标的具体方位，方法是打开罗盘将照准器对准目标，或将刻度盘上的 0 刻度对准目标，使目标、0 刻度和磁中点在同一直线上，罗盘水平静止后，N 端所指的刻度便是测量点至目标的方位，如磁针 N 端指向 36°，则目标在测量位置的北偏东 36°。

利用指北针辨别方向是十分简便快捷的，但需要注意：要尽量保持指北针水平；不要距离铁、磁性物质太近；不要错将磁针的 S 端当作北方，造成 180° 的南北方向误判。

（二）利用太阳和时数

依据太阳方向变化设计的日晷。太阳从东方出，西方落，这是最基本的辨识方向的方法。一般来说，在当地时间 6 点左右，太阳在东方，12 时在正南方，18 时左右在西方。根据这一规律，便可判定方位。

还可用木棒成影法来测量，在太阳足以成影的时候，在平地上竖一根直棍（1米以上），在木棍影子的顶端放一块石头（或作其他标记），木棍的影子会随着太阳的移动而移动。30~60分钟后，再次在木棍的影子顶端放另一块石头。然后在两块石头之间画一条直线，在这条线的中间画一条与之垂直相交的直线。然后左脚踩在第一标记点上，右脚踩在第二标记点上。这时站立者的正面即正北方，背面为正南方，右手是东方，左手为西面。

有手表的可以将手表放平。时数（每天按24小时计算）要领是：时数折半对太阳，"12"指的是北方。如果在21时判定方位，以时针所指时数折半的位置，即4时30分对太阳；如14时应以"7时20分"对太阳。为了便于判定，可在时数折半的位置上，垂直竖一根草棍，转动表盘，使棍子影通过表盘中心。

在北回归线以南地区，夏季中午时间太阳偏向天顶以北，不宜采用上述方法。

（三）利用星星看方位

1. 利用北极星

北极星位于正北天空，观察时，其距离地平面的高度约相当于当地的纬度。寻找时，通常要根据北斗七星（即大熊星座）或W星（即仙后星座）确定。北斗七星是7颗比较亮的星，形状像一把勺子，将勺头甲、乙两星连一直线向勺口方向延长，约为甲、乙两星间隔的5倍处，有一颗略暗的星，即北极星。当地球自转看不到北斗七星时，则可利用W星寻找。W星由5颗较亮的星组成，形状像字母"W"，向字母"W"缺口方向延伸约为缺口宽度的两倍处，就是北极星。

2. 利用南十字星

在北纬23°30′以南的地区，夜间有时可以看到南十字星，它也可以用于辨别方向。南十字星由4颗较亮的星组成，形同"十"字。在南十字星的右下方，沿甲、乙两星的连线向下延长，约为该两星间隔的4.5倍处（无可见的星），就是正南方。

3. 利用启明星

金星，古称"太白"或"太白金星"。凌晨，人们可以在东方天空看到明亮的金星，称"启明星"，即"开启黎明"之星。在没有钟表的年代，人们凭借启明星的东升来判断黎明的到来；黄昏，金星出现在西方天空，光辉明亮，称"长庚星"。

（四）利用地物判断方位

独立的大树通常南面枝叶茂盛，树皮光滑，北面的树枝稀疏，树皮粗糙。其南面，通常青草茂密，北面较潮湿，长有青苔。

建筑物和土堆等，北面积雪多融化慢，而土坑等凹陷地方则相反。

在中国境内，在沟谷地带有存雪的话，先融雪的一面山体是阳坡（朝南的坡），另一面则相反。

中国北方较大的庙宇、平原地区宝塔的正门和农村独立的房屋的门窗多向南开放。

中国农村的卫星天线都朝向南方（地球的人造卫星都靠近赤道，卫星天线要朝向卫星才可能搜到信号，而中国在赤道以北）。

中国的大河一般自西向东流，一般能大致确定方向。

森林中空地的北部边缘青草较茂密。树桩断面的年轮，一般南面间隔大，北面间隔小。

在中国北方草原、沙漠地区西北风较多，在草丛附近常形成许多"雪龙""沙龙"，其头部大、尾部小，头部所指的方向是西北。

草原上蒙古包的门多向南开放。

在密林中，岩石南面较干，而岩石北面较湿且有青苔。

桃树、松树分泌胶脂多在南面。

树墩的年轮，朝南的一半较疏，而朝北的一半较密。

蚂蚁的洞穴多在大树的南面，而且洞口朝南。

二、地图与现地对照

现地使用地图时,要将地图与地形进行对照,了解周围地形情况,保持正确方向和位置。

(一)标定地图

标定地图是使地图的方位与现地方位一致。标定方法有:

1. 用指北针标定

一般按磁子午线标定。标定时先使指北针的指标归零,"北"字朝向北图廓,以直尺边切于磁子午线,然后转动地图,使磁针北端对准"北"地,地图即已标定。

2. 依直长地物标定

当站立点在直长地物,如道路、土堤、河渠等时,可先在图上找到这段地物符号,将图放平,转动地图,对照两侧地形,使图上和现地直长地物的方位一致,地图即已标定。

3. 依明显的地形点标定

先确定站立点在地图上的位置,再选定远方明显的地形点,如山顶、独立地物等,将直尺切于图上站立点和该地形点上,转动地图,通过直尺边瞄准现地明显地形点,地图即已标定。

4. 用北极星标定

夜间,可用北极星标定地图。面向北极星,使地图上方概略朝北,然后转动地图,使东(西)图廓线对准北极星即标定。

(二)确立站立点

确立站立点是将自己站立的地点,准确确定在地形图的位置上。确定方法有:

1. 依明显地形点确定站立点

当站立点在明显地形点上时,从图上找出地形点的符号,即站立点在图上的位置；当站立点在明显地形点的近旁时，可先标定地图，对照周围明显的地形细部，找出其与站立点的关系位置，即可判定站立点在图上的准确位置。

2. 截线法

沿直长地物进行时，可采用截线法。在直长地物的一侧选定图上和现地都有的明显地形点，将直尺切于图上该地形符号定位点，转动直尺向现地的明显地形点瞄准，并描绘方向线，该方向线与直长地物符号的交点，即站立点在图上的位置。

3. 后方交会法

当站立点附近无明显地形点时，可采用后方交会法。先标定地图，选择图上和现地都有的两个明显地形点，在图上一个地形点上插一细针，将直尺边靠着针转动，照准现地的地形点，转动直尺和地图，并在图上描绘方向线。再用同样的方法照准另一地形点，并描绘方向线，两条方向线的交点，就是站立点在图上的位置。

4. 磁方位角交会法

在丛林地区使用地图，四周不能通视，可利用附近大树等，采用磁方位角交会法确定。

标定地图和确定站立点后，就可将地图与现地地形进行对照，其基本方法：先特殊后一般，再由近及远，由点到线，逐段分片地进行对照。

对平原地形对照时，可先对照主要的道路、河流、居民地和高大突出的建筑物以及它的分布情况，逐点分片进行对照；对照山地和丘陵地的地形时，可根据地貌形态，山脊走向，先对照明显的山顶、山脊，然后顺着山脊、山背、山脚和谷地的方向进行对照。此外，还可根据远近山岭颜色植被、道路、地物分布等特征进行地形关系位置对照；对山岳、丛林视角不良对照地形时，应选择地势高的地形或攀登到视角大的树上进行对照。对地物、地貌变化大的现地地形，在对照中要特别注意其变化情况。

三、利用地图行进

利用地图行进,就是利用地形图在现地对照中行进,它是保障部队快速行进而又准确到达目的地,夺取有利战机的一个重要方法。

(一)现地对照行进

无论是沿道路或者越野行进,是徒步还是乘车行进,都必须利用地形图与现地进行对照,做到随时随地都能准确地认定现地位置或者在图上的位置,确保行进方向准确无误。

(1)行进前的准备。首先要根据任务、敌情在图上研究地形和行进的路线,要做到"标""量""熟""明"4个字。"标"即在图上标明选定的行进路线和沿途方位物特征等;"量"是计算行进路线各段的里程,计算行进时间等;"熟"是熟记行进路线沿途的方位物和地形的特征;"明"是明方向、明路线、明位置。特别是乘汽车行进,速度快,观察粗略,容易偏离,一定要迅速仔细判明。

(2)行进要领和方法。先在出发点对照、判定方向,标定地图,然后计时(徒步、乘车)出发,凭预先对沿途的地形和方位物的记忆行进,在行进中不断在岔路口、道路拐弯点、上下坡、桥梁、渡口、居民地、山顶、鞍部、山脊对照现地标明,检查里程表和行进时间。计算距离,有把握地前进,做到"人在路上走,心在图中移"。

(3)夜间行进的方法。夜间行进时,由于观察不便,地形和现地对照困难,容易迷失方向,必须在行进前,认真分析和熟记沿途地形的特征,尽量选择道路近旁高大的地物,透空可见的山顶、鞍部等方位物。在行进中,可用指北针和北极星标定地图,多找点,勤对照,采用走近观察,由低处向高处、由暗处向明处观察等方法,还可根据流水声、灯光等判明溪流和居民的位置。及时确定站立点,判定行进方向。

(4)越野行进的方法。在选择路线时,特别要注意选择行进方向线两侧有较多的方位物。选择便于通行的地形前进，在行进中，要随时将地图和现地对照，发现走错方向，应选择就近路线迂回到原定路线继续前进。注意尽量避免走错方向，以免耽误战机。

（二）按方位角行进

就是按照指北针在地图上预先测定的磁方位角行进，这是按图行进的辅助方法。通常在缺少方位物的沙丘、草原、森林和浓雾、风雪等不良天候以及夜间视度不良的条件下采用。

（1）行进资料准备。根据任务、敌情和地形情况在图上选择行进路线，一般选择起伏不大、障碍较少又便于通行隐蔽，沿途各种方位物明显的路线，按行进顺序编号。在图上测定沿途转弯点间的磁方位角。先用指北针标定地图，再使指北针有准星的一端朝前进方向，直尺边切于两转弯点连线上，磁针停止后，其北端所指的密位数即该段路线的磁方位角。如土堆至刘村的磁方位角为5-00，在地图上量测各转弯点间的距离，再换算为复步数（一般一复步为1.5米）。根据上述资料确定后，便可绘制成按方位角行进略图，再将各转弯点间的磁方位角和距离的数据注记在略图上。

（2）行进要领。在出发点上，先查明到达第二点的磁方位角、复步数和地形特征，然后打开指北针，使磁针北端指向到第二点的密位数，这时沿照门至准星的方向，去寻找方位物或辅助方位物，并按此方向行进。行进中，要随时保持行进方向，记清步数，遇到起伏路段，应注意调整步幅。到达方位物后，仍看不见第二点方位物时，可按原方位角另选辅助方位物前进，直到第二点为止。在第二点上，找到确定位置，再按出发点要领，继续向下一转弯点前进，依此要领逐段前进，直到终点。

现地使用地图时，常发现地图与现地有不一致的地方，这主要是由于测图后现地发生了变化及测图时综合取舍所致。此时，应采用多种方法，仔细对照未变地貌和地物，全面分析地形的变化和关系位置。

第三节 ★ 标号与要图

军队标号和要图的作用，就是采用简明、扼要、生动、形象的图形和数字，来表达敌我情况、首长决心、作战命令、计划实施、作战经过以及战例等。因此，了解、识别军队标号和要图，是学习军事应当掌握的一项基础知识。

一、军队标号

军队标号，是在军用地图等地理信息载体上标示军事情况的图形符号和代字、汉字、字母、数字的统称。它包括队标和队号。队标是标示部队、机构、武器装备、军事设施和军事行动的图形符号；队号是用以注明队标的代字、汉字、字母、数字和约定俗成的其他代字。世界各国都有不同的军队标号。2013年5月27日，总参谋部发布经中央军委批准的《中国人民解放军作战标图规定》，是军队作战指挥的基础性法规，是规范部队和院校进行军事标图的基本依据，诸军种、兵种、专业兵和武警部队制定相应补充规定或常用标号的依据。队标图形主要有：①几何图形，用规则的几何图形表示部队、机构、武器装备等；②象形图形，图形与标示对象的侧面、正面或平面形状基本相似；③会意图形，图形与标示对象的有关意义相应，具有较强的象征性。

二、要图

（一）要图的定义和用途

要图，既是情况图、首长决心图、计划图、经过图等重要军事用图的统称，又是标绘有军事情况的地形图、地形略图和影像图的统称。主要用于标绘简要作战情况，或作为作战文书的附件等。要图具有简明、直观、形象等特点。要图能够使军事情况落实于一定的作战空间，从而使标示的军事情况更直观、更形象。标绘要图是记录军事情况、拟制作战文书、组织指挥作战、总结作战经验的一种比较科学的方法。标绘和运用要图是参谋人员和指挥员应当具备的指挥技能。

（二）要图的构成

要图由各种军队标号以及地形符号（图像）有机结合而构成。孤立或随意排列的队标，不能反映战术意义，因而不能构成要图。一个表示堑壕的队标，只能说明是一种防御工事，它是静止的。但若按一定的意图，将其与地形符号、火器队标以及队号注记等有机结合时，就构成了一幅生动的部署图。

一个箭形队际，也只能说明是一种进攻行动，它是孤立的。但若按一定意图将它与其他队标、队号注记及地形符号有机结合时，就能反映出进攻的决心。

（三）要图的种类

要图的种类很多，根据标绘内容的不同可分为以下几种类型：

（1）情况图。指标绘有交战双方态势、部署，以及指挥员定下决心所需情报信息的图。根据需要可标绘成单项情况图或综合情况图，前者如敌情图，后者如敌我态势图。

（2）指挥图。指标绘有指挥员决心、指示，部队行动计划等内容为主的图。如行军计划图、决心图、协同动作图等。

（3）战况图。指标绘有部队作战进展情况和结局的图。如作战经过图（演习推演图）、战例图等。

（4）工作图。指指挥员和机关工作人员在遂行作战指挥任务中，随时标注与本职工作有关情况的图。如单位工作图、指挥员工作图、参谋工作图等。